GESTÃO ESTRATÉGICA DE SERVIÇOS

BARBOSA | ROMANI-DIAS | ALBUQUERQUE

GESTÃO ESTRATÉGICA DE SERVIÇOS

Operações, Qualidade e Pessoas

INCLUI

- ✓ EXEMPLOS DE EMPRESAS DE DIVERSOS TIPOS DE SERVIÇOS E ESTUDO DE CASO INÉDITO
- ✓ APLICAÇÕES DE FERRAMENTAS DE GESTÃO DE SERVIÇOS CONSAGRADAS

Freitas Bastos Editora

Direção Editorial: Isaac D. Abulafia

Gerência Editorial: Marisol Soto

Diagramação e Capa: Madalena Araújo

Dados Internacionais de Catalogação na Publicação (CIP) de acordo com ISBD

B238g	Barbosa, Aline dos Santos
	Gestão Estratégica de Serviços / Aline dos Santos Barbosa, Marcello Romani-Dias, Nina Braga Cavalcanti de Albuquerque. - Rio de Janeiro, RJ : Freitas Bastos, 2023.
	236 p. : 15,5cm x 23cm.
	ISBN: 978-65-5675-282-2
	1. Administração. 2. Gestão. 3. Gestão estratégica. 4. Serviços. I. Romani-Dias, Marcello. II. Albuquerque, Nina Braga Cavalcanti de. III. Título.
2023-836	CDD 658.401
	CDU 658.011.2

Elaborado por Vagner Rodolfo da Silva - CRB-8/9410

Índice para catálogo sistemático:

1. Administração : Gestão 658.401

2. Administração : Gestão 658.011.2

Freitas Bastos Editora

atendimento@freitasbastos.com

www.freitasbastos.com

DEDICATÓRIA

Dedicamos esta obra aos prestadores e prestadoras de serviços, da forma mais abrangente possível. Tanto aos das pequenas empresas quanto aos das grandes multinacionais. Tanto aos que operam na linha de frente dos negócios quanto aos importantes prestadores que fazem parte do que conhecemos como *back office*. Dedicamos este livro, portanto, aos profissionais que buscam, quase que incansavelmente, superar em larga medida as expectativas de seus clientes. Somos prestadores de serviços enquanto professores e enquanto ofertantes de serviços educacionais, e temos tido a oportunidade de interagir com profissionais dessa natureza, pessoas que encantam por sua forma de proceder. Aprendemos tanto com vocês ao longo de inúmeras interações que nosso principal agradecimento não poderia ser outro. Foi assim, com base em seus exemplos, que materializamos a realização de nosso livro de Gestão Estratégica de Serviços: Operações, Qualidade e Pessoas.

OS AUTORES

ALINE DOS SANTOS BARBOSA: Com realização de Estágio Doutoral na Bentley University (EUA), é Doutora em Administração de Empresas pela Fundação Getulio Vargas (EAESP/FGV) na Linha de Pesquisa Estratégia Empresarial, está realizando Pós-Doutorado na ESALQ, no âmbito da Universidade de São Paulo (USP), e Licenciada em Filosofia na Universidade Presbiteriana Mackenzie. É Mestra em Administração pela FEI, especialista em Comunicação com o Mercado pela FIA e Bacharel em Comunicação Social com Habilitação em Publicidade e Propaganda. Como educadora, é Professora Permanente no Programa de Mestrado em Administração e Desenvolvimento Empresarial (MADE) da Universidade Estácio de Sá. Atua também como orientadora de Monografias nos cursos de MBA do PECEGE/USP e conteudista digital. Participa ativamente dos principais congressos de Administração em âmbito nacional e internacional, com sólida publicação em periódicos científicos da área, também na temática de estratégia empresarial. Como gestora, já atuou na coordenação de cursos de Pós-graduação e MBA em Gestão de Negócios na FIA e na consultoria de Marketing, e é coordenadora do tema Desigualdade de Gênero nas Organizações no Congresso de Administração Sociedade e Inovação (CASI), e sócia na Barbosa e Romani Educação e Assessoria LTDA. Seu trabalho inclui o desenho de cursos presenciais e virtuais, elaboração de conteúdos em apostilas, videoaulas e podcasts. É sócia-fundadora da Schola Akadémia, escola virtual que oferta cursos acadêmicos livres.

MARCELLO ROMANI-DIAS: Com realização de Estágio Doutoral no *Massachusetts Institute of Technology (MIT)*, é Doutor em Administração de Empresas pela Fundação Getulio Vargas (EAESP/FGV), na Linha de Pesquisa em Estratégia Empresarial, concluiu Pós-Doutorado na *Bentley University* (USA), e Licenciado em Filosofia na Universidade Presbiteriana Mackenzie, instituição em que cursa Licenciatura em História. É Mestre em Administração pela FEI, especialista em Governança nos Negócios pela FIA, e Bacharel em Administração pela ESPM. Como educador, é Professor Titular do Programa de Mestrado e Doutorado em Administração (PPGA), em que orienta pesquisas na temática da Estratégia Empresarial, e do Programa de Mestrado e Doutorado em Gestão Ambiental (PPGAMB), ambos na Universidade Positivo (UP). Atua como professor convidado na Fundação Getulio Vargas (FGV) e na Fundação Instituto de Administração (FIA), no âmbito da educação executiva. Participa ativamente de congressos de Administração em âmbito nacional e internacional, e tem sólida publicação em periódicos científicos da área. Como gestor, é coordenador em programas executivos no âmbito do FGV *Management*, e sócio na Barbosa e Romani Educação e Assessoria LTDA. Seu trabalho inclui o desenho de cursos presenciais e virtuais, consultoria empresarial, elaboração de conteúdos em apostilas, videoaulas e podcasts, e desenvolvimento de publicações sobre os cursos realizados, no formato de cases empresariais. É sócio-fundador da *Schola Akadémia*, escola virtual que oferta cursos acadêmicos livres.

NINA ALBUQUERQUE: É Doutoranda em Políticas Sociais pela Fundação Getulio Vargas (CPDOC/FGV) com pesquisas sobre Políticas Públicas para Carreira de Mulheres Vulneráveis. É Mestra em Administração pela Universidade Estácio de Sá (MADE/UNESA), Bacharel em Direito pela Universidade Federal do Rio de Janeiro (UFRJ) e está cursando Administração pela Universidade Federal Rural do Rio de Janeiro (UFRRJ). Como educadora, é Professora e Orientadora nas Áreas de Gestão de Negócios, Gestão de Pessoas e Negócios no Varejo e conteudista nas Áreas de Direito e Administração (Carreira, Setor Público, Gestão de Pessoas, Gestão de Processos, Gestão de Operações, qualidade em Serviço, Gestão de Cadeia de Suprimentos, Gerenciamento de Projetos). Como pesquisadora, possui pesquisas e artigos publicados sobre Carreira de Mulheres Vulneráveis e Tecnologia Organizacional. Como gestora, possui mais de 20 anos de experiência profissional nas áreas de Gestão Organizacional, Organizações Familiares, Gestão de Operações e Produtividade em Serviços e atua há mais de 10 anos com empreendedorismo na área de serviços.

APRESENTAÇÃO

"Não existem métodos fáceis para resolver problemas difíceis."

RENÉ DESCARTES

Em nossa trajetória acadêmica e profissional dentro da área de Administração temos tido a oportunidade de aprender e de ensinar sobre os principais tópicos presentes na temática da gestão de serviços, bem como sobre seus principais elementos norteadores – operações, qualidade e pessoas. Foram estes os principais elementos escolhidos para o enfoque de nosso livro.

A partir de operações, qualidade, e pessoas, gestores e gestoras de serviços buscam caminhos e métodos para o embasamento de suas decisões mais difíceis, as quais podem gerar impactos globais e de longo prazo para as organizações em que atuam, ou seja, impactos estratégicos, sendo o olhar estratégico outro pilar que sustenta nossa obra.

Pretendemos com esse livro trazer para o leitor e para a leitora possíveis caminhos de respostas para grandes perguntas, como: quais são os fundamentos principais dos serviços? O que envolve o pacote de serviços? Como podemos melhor gerir nossa cadeia de fornecimento? Quais são os principais elementos, e as principais ferramentas da qualidade, que podem ser aplicáveis aos serviços? Como podemos melhorar o treinamento de pessoas em serviços? De que forma podemos ser mais efetivos na conquista de nossos clientes?

Com estas questões em mente, e por meio de uma abordagem acadêmica e aplicada, trazemos nesta obra etapas, conceitos e ferramentas consagrados pela literatura e pela prática do campo da gestão de serviços. A pessoa que ler esta obra poderá notar que em cada capítulo trazemos uma série de exemplos, ora reais, ora hipotéticos, para ilustrar com maior clareza os conceitos que também são trazidos. Tratar de gestão de serviços envolve pensar em erros e acertos de empresas nessa empreitada, e a parte boa dessa história é a de que exemplos não nos faltam, não é mesmo? Por outro lado, uma série de situações delicadas vividas pelas empresas é propositalmente colocada em nossos capítulos, também como forma de gerar reflexões para o leitor, reflexões estas que servem de alerta para que não percamos de vista a complexidade do que significa gerir serviços com excelência.

Prezado leitor e Prezada leitora, seja você aluno, aluna, gestor, gestora, consultor ou consultora, acreditamos que nossa obra ampliará sua compreensão sobre alguns dos principais métodos disponíveis para a tomada de decisão estratégica nas organizações prestadoras dos mais variados tipos de serviços. Defendemos que ao compreender os materiais aqui expostos, você terá maior probabilidade de êxito na busca por vantagem competitiva de longo prazo para a organização em que atua. Conte conosco nessa jornada e ótima leitura!

Aline dos Santos Barbosa

Marcello Romani-Dias

Nina Albuquerque

SUMÁRIO

PARTE I
CONHECENDO OS SERVIÇOS

CAPÍTULO 1

OS FUNDAMENTOS PRINCIPAIS DOS SERVIÇOS

Iniciamos esta obra destacando que as discussões sobre gestão de serviços só crescem, e que esse crescimento é uma consequência natural do contexto que vivemos.

Como primeiro ponto, estamos presenciando a maior migração de mão de obra desde a Revolução Industrial. A migração da agricultura e da manufatura para os serviços é invisível e, ao mesmo tempo, de escopo amplamente global. A migração é impulsionada pelas comunicações globais, pelo crescimento dos negócios e da tecnologia, pela urbanização e pelo baixo custo da mão de obra.

Em decorrência desta realidade, observamos que os setores de serviços são líderes em todas as nações industrializadas, criam novos empregos que dominam as economias nacionais e têm o potencial, às vezes alcançado, e às vezes não, de melhorar a qualidade de vida das pessoas. Muitos destes empregos destinam-se aos trabalhadores detentores de alto conhecimento, mas não são restritos a estes.

Posto de outro modo, em estudos sobre desenvolvimento econômico aprendemos que as economias modernas industrializadas são dominadas pelo emprego nas indústrias do setor de serviços. Isso representa uma evolução natural das economias, a partir das sociedades pré-industriais para as industriais e, finalmente, para as sociedades pós-industriais.

Além disso, a atividade econômica de uma sociedade determina a forma como vive a sua população e como é mensurado o seu padrão de vida. A natureza do setor de serviços é explorada em termos de oportunidades de emprego, contribuições à estabilidade econômica e fontes de liderança econômica. A ideia de que nossa sociedade pós-industrial está evoluindo para uma economia da experiência é discutida em termos de serviços empresariais e ao consumidor.

O crescimento do setor de serviços é atribuído à inovação, às tendências sociais e à tecnologia de informação (por exemplo, a Internet). Diante desta grande importância dos serviços em nossa sociedade, este capítulo inicia com a apresentação de suas principais definições. Vamos a elas.

DEFINIÇÕES DE SERVIÇOS

Quando pensamos em serviços devemos ter em mente que existem pessoas que produzem todos os tipos de bens e serviços que conhecemos, e que eles estão divididos em três diferentes tipos de setores produtivos da economia, a saber: o setor primário, o setor secundário e o setor terciário.

O setor primário é o ramo da atividade produtiva responsável pelo desenvolvimento da agricultura, da pecuária e do extrativismo, seja ele vegetal, animal e/ou mineral. É do setor primário que surgem as matérias-primas que abastecem as indústrias, que compõe o setor secundário.

Fonte: https://www.pexels.com/pt-br/

O setor secundário é formado pelo sistema industrial, ou seja, é composto pela produção por meio de máquinas e equipamentos, produção de bens de consumo, construção civil e geração de energia. As indústrias transformam a matéria-prima obtida no setor primário em bens de consumo, e distribuem seus produtos em forma de atacado, como no exemplo das grandes montadoras de automóveis, que recebem do setor primário matérias como borracha, aço, e alumínio e "transforma" tais matérias em automóveis que serão vendidos pelas concessionárias e lojas especializadas.

Fonte: https://www.pexels.com/pt-br/

Temos, por fim, o setor terciário, que está relacionado à prestação de serviços. O setor de serviços é composto por vários tipos de serviços diferentes, a saber:

- Setor de serviços profissionais, contando com professores, advogados, médicos, manicures, artistas, contadores, dentistas, profissionais liberais em geral, entre outros;

- Serviços de informática e correlatos como os serviços de consultores em instalação de equipamento de informática e de processamento de dados;

- Serviços de pesquisas e desenvolvimento como os serviços de p&d em ciências naturais;

- Serviços imobiliários;

- Outros serviços de empresas, como serviços de publicidade e serviços de pesquisa de mercados e coleta de opinião pública;

- Serviços de comunicação, como serviços de correio e serviços de telecomunicações;

- Serviços de construção e serviços relacionados à engenharia;

- Serviços de distribuição;

- Serviços educacionais, como escolas e universidades públicas ou privadas;

- Serviços de meio ambiente, como o serviço de esgoto e de saneamento;

- Serviços financeiros, como serviços relacionados com seguros de vida, saúde e bens patrimoniais;

- Serviços bancários e outros serviços financeiros, como empréstimos e corretagem de câmbio;

- Serviços de saúde e sociais, como hospitais e outros serviços de saúde;

- Serviços de turismo, como hotéis e serviços de agências de viagens e operadores de turismo;
- Serviços de diversão, cultural e esportivos, como serviços de bibliotecas e agências de notícias e os serviços de entretenimento como circos, teatros, cinemas;
- Serviços de transportes marítimo, terrestre, aéreo, ferroviário, rodoviário e espacial;
- Serviços públicos, como bombeiros, polícia, exército, sistema judiciário, entre outros.

É no contexto do setor terciário que encontramos a atividade do comércio varejista, como lojas de roupas, calçados e alimentos. Um exemplo de comércio varejista é o da grande rede denominada de Lojas Americanas, que no início do ano de 2023 iniciou processo de recuperação judicial.

Fonte: https://www.pexels.com/pt-br/

Todas essas atividades fazem parte da divisão da atividade econômica do setor terciário, ou seja, setor de serviços, conforme a Classificação Nacional de Atividades Econômicas (CNAE) – instrumento de padronização nacional dos códigos de atividade econômica e dos critérios de enquadramento utilizados pelos órgãos da Administração Tributária Brasileira.

A palavra serviço esteve, por muito tempo, associada ao trabalho que os servos faziam para seus mestres. Porém, ao longo do tempo, essa palavra foi ganhando novos sentidos e, de acordo com o dicionário de Oxford, serviço é definido como "a ação de servir, ajudar ou beneficiar; conduzir para o bem-estar ou para a vantagem de outro".

Muitos especialistas consideram que o setor de serviços abrange todas as atividades econômicas que não possuem bem físico ou fabricado. Um serviço geralmente é consumido no momento em que é produzido, como um corte de cabelo, por exemplo, em que o cliente "consome" aquele serviço no mesmo momento em que ele está sendo feito pelo cabeleireiro. Além disso, o serviço pode fornecer valor agregado, como conveniência, diversão, oportunidade, conforto ou saúde.

Definição de Serviços

Serviços são atividades econômicas que uma parte oferece para outra. Geralmente baseadas no tempo, seu desempenho traz para seus destinatários os resultados desejados, objetos ou outros ativos pelos quais os compradores têm responsabilidade. Em troca de dinheiro, tempo e esforço, os consumidores de serviços esperam receber o valor do acesso aos bens, mão de obra, habilidades profissionais, instalações, redes e sistemas, mas eles não costumam deter a propriedade de qualquer um dos elementos físicos envolvidos **(Lovelock, Wirtz & Hemzo, 2011, p. 21).**

O PAPEL FACILITADOR DOS SERVIÇOS NA ECONOMIA

Os serviços exercem papel fundamental em toda a atividade econômica de qualquer sociedade, e os serviços de infraestrutura, como os transportes e as comunicações, formam o elo essencial entre todos os setores da economia, incluindo o consumidor final.

Quando pensamos em uma economia complexa, por exemplo, os serviços comerciais e os serviços de infraestrutura funcionam como veículo e como canal de distribuição para o consumidor. Os serviços de infraestrutura são cruciais para o desenvolvimento de uma economia e para a industrialização, posto que nenhuma sociedade pode avançar sem eles.

Figura – Papel dos serviços na economia

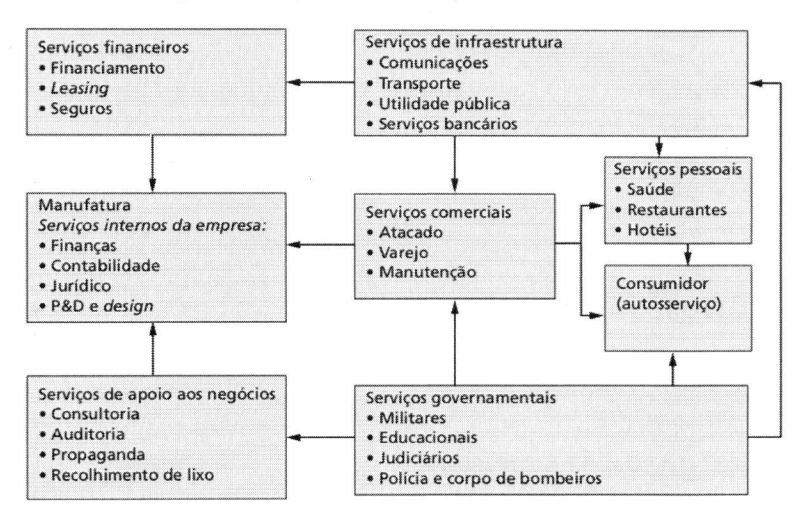

Fonte: Fitzsimmons & Fitzsimmons (2014, p. 27).

Quando uma economia é industrializada, como é o caso de diversos países, dentre eles o Brasil, e as empresas do setor de serviços são especializadas e qualificadas, elas podem prestar serviços às indústrias de forma mais barata e eficiente do que as próprias empresas do setor industrial poderiam prestar a si mesmas. Desta forma, atividades como publicidade, consultoria e telecomunicações, entre outras, são fornecidas por empresas do setor de serviços. É o caso das empresas Algatech e Atento que são especializadas em *call center* (central de atendimento para vendas, atendimento ao cliente, suporte técnico, cobrança) e prestam serviços de atendimento para diversas empresas.

Além dos benefícios para empresas, pense, por exemplo, na grande variedade de serviços que são prestados para pessoas físicas, como ocorre nos restaurantes, hotéis, serviços de limpeza e creches, estes últimos vistos como serviços desenvolvidos para inserir na economia funções que antes eram domésticas.

Existem também os serviços da esfera pública, que desempenham um papel importante na economia e para a qualidade de vida da população. Serviços como educação, saúde, conservação de estradas, abastecimento de água, segurança pública e cuidados com o meio ambiente são fundamentais para a economia e para a sobrevivência e prosperidade de sua população.

Atualmente, as empresas do setor industrial estão percebendo a importância e dependência do setor de serviços, uma vez que a venda destes bens de consumo depende de valores agregados cada vez mais difíceis de serem conquistados. O presidente da Associação Nacional dos Fabricantes de Veículos Automotores (Anfavea), Luiz Carlos Moraes, afirma que "o cliente que compra um caminhão, quer também serviços de conectividade que facilitem sua vida, melhore seu negócio e reduza seus custos. Por isso, as montadoras de veículos que vendem caminhões, não podem se preocupar apenas em produzir o caminhão sem se preocupar com outras necessidades dos seus consumidores."

Outro exemplo é o da empresa Otis Elevadores, que percebeu que o lucro obtido com as atividades de manutenção realizadas pela área de pós-venda era muito maior do que o lucro das vendas dos equipamentos para os elevadores. As empresas fabricantes de computadores, como a Microsoft, Lenovo e Dell perceberam que os computadores pessoais se tornaram produtos com margens de lucro muito baixas e, por essa razão, estão atentas para os serviços em rede e de comunicação para incrementar seus lucros.

Dessa forma, é possível perceber que os serviços não são atividades periféricas na economia, e sim parte integrante e fundamental da sociedade. Eles são fundamentais para que esta se mantenha sadia e funcional. Os serviços facilitam e tornam possíveis as atividades de produção de bens dos setores industriais e representam a força vital de transição rumo a uma economia globalizada. Conhecer suas características é fundamental. É o que veremos no próximo capítulo de nossa obra.

CAPÍTULO 2

AS PRINCIPAIS CARACTERÍSTICAS DOS SERVIÇOS

A NATUREZA DOS SERVIÇOS

Neste capítulo vamos explorar as características que diferenciam o setor de serviços, pois não é tão simples determinar a diferença entre um produto e um serviço. Ao comprar um produto, muitas vezes, o serviço vem acompanhado sem que percebamos, como, por exemplo, o serviço de instalação de uma televisão ou de entrega e montagem de um móvel comprado em uma loja como as Casas Bahia. A compra de um serviço também pode incluir produtos (em sentido *stricto*), como, por exemplo, o jantar em um restaurante que inclui a compra de alimentos que são produtos físicos, ou o saque de dinheiro físico em um caixa eletrônico do banco. Por isso, é importante termos em mente que cada compra realizada inclui um conjunto de bens e serviços.

Para Fitzsimmons e Fitzsimmons (2011, p. 26) "Um serviço é uma experiência perecível, intangível, desenvolvida para um consumidor que desempenha o papel de coprodutor". Nessa definição de serviços é possível perceber que a intangibilidade e a perecibilidade são as duas características mais citadas para distinguir os serviços dos produtos.

PARTICIPAÇÃO DOS CLIENTES NO PROCESSO DOS SERVIÇOS

Para que o serviço funcione ele deve interagir com os clientes no papel de participantes do processo do serviço. Porém, existem serviços em que o foco das suas atividades está mais no processamento de informações do que nas pessoas e si, como os bancos, por exemplo. Nessas situações, tecnologias de informação, como a transferência eletrônica de fundos, podem substituir as operações de transferência realizadas pelo cliente. Desse modo, a presença do cliente no banco torna-se desnecessária.

Em decorrência dessa presença do cliente como participante no processo do serviço, é importante que o local em que o serviço será prestado seja limpo e organizado, por exemplo, como em uma clínica odontológica ou em uma lanchonete. Isso não necessariamente ocorre do mesmo modo em parte do setor industrial. Em um exemplo hipotético, mas que pode ser real, podemos pensar em automóveis sendo produzidos em fábricas quentes, sujas e barulhentas, e refletir sobre esse cenário não ter tanto relevância para os clientes como se isso ocorresse em uma lanchonete, não é mesmo? Isto ocorre porque no caso das montadoras, o cliente pode ter contato com o produto apenas em um elegante *showroom* de revenda de automóveis, em nosso exemplo hipotético.

Temos, então, a fundamental importância da atenção especial com elementos como a decoração interior, a mobília, nível de ruído e cores, pois todos estes elementos podem influenciar a percepção da qualidade geral do serviço pelo cliente. Imagine, por exemplo, uma estação rodoviária e um aeroporto. Agora compare os sentimentos que você sentiu ao imaginar esses dois locais. Os passageiros, tanto da rodoviária quanto do aeroporto, não têm acesso às instalações de apoio do aeroporto, como, por exemplo, a área de distribuição de bagagens; no entanto, alguns serviços têm inovado e permitido que clientes tenham acesso aos locais que antes não ficavam visíveis ao público, com o intuito de aumentar a credibilidade do serviço. Como exemplo disso, temos os restaurantes que convidam os clientes a visitarem suas cozinhas, ou ainda, como a rede de pizzarias 1900 e outras, em que os pizzaiolos preparam as pizzas atrás de vidros transparentes em ilhas localizadas no meio do salão da pizzaria, permitindo que os clientes acompanhem todo o preparo de suas deliciosas pizzas. Devemos notar, portanto, que essas medidas vão muito além do mero cumprimento de uma legislação sanitária, buscando, muito além disso, fidelizar os clientes. Como exemplo, não há nenhuma lei que obrigue uma pizzaria a posicionar seus fornos de pizza no meio do salão e com vidros transparentes. Isto é ir além do mero cumprimento legal.

Tendo em vista que os clientes podem ser parte ativa no processo de prestação de serviços, muitas empresas estão apostando na estratégia do cliente coprodutor, ou seja, clientes que atuam não apenas no recebimento do serviço, mas também na sua produção e execução. Redes de *fast-food* como Mc Donald's e Burger King, por exemplo, têm reduzido seu pessoal de limpeza e de atendimento, pois o cliente pode utilizar totens de autoatendimento para fazer seus pedidos e, além disso, retirar sua própria bandeja de alimentos e bebidas após a refeição. Com isso, o cliente que opta por comer em um restaurante do tipo *fast-food* espera um serviço mais ágil e mais barato (o que nem sempre é alcançado). Como contraponto, um cliente que escolhe um restaurante caro e sofisticado, em geral, não está disposto a recolher seus pratos da mesa ao levantar. Isto seria visto como algo inapropriado pela maior parte dos clientes, você não concorda?

Outra tendência no setor de serviços tem sido a retirada do cliente do local físico em que o serviço acontece, como, por exemplo, no setor bancário, em que o cliente é incentivado a efetuar suas transações e movimentações bancárias pelo telefone, celular ou computador, sem a necessidade de ir até uma agência bancária. Além disso, o *e-commerce* – comércio pela *internet* – proporciona que o cliente compre pelas vitrines virtuais sem seu deslocamento físico até uma loja.

CARACTERÍSTICAS DIFERENCIADORAS DAS OPERAÇÕES DE SERVIÇOS

Existem quatro características essenciais que distinguem um produto (em sentido *stricto*) de um serviço. Os serviços são intangíveis e acontecem no momento em que o cliente o consome. Além disso, não há como guardar ou estocar um serviço em si, e ele pode variar muito quando prestado por um ser humano. Vamos aprender um pouco mais sobre estas características a seguir.

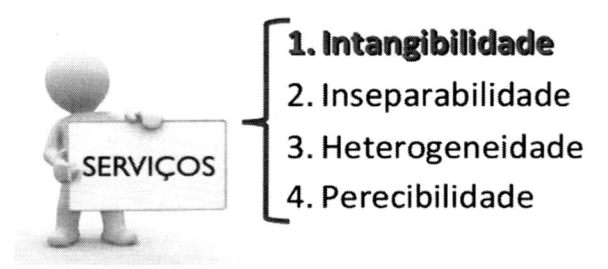

Fonte: https://www.pexels.com/pt-br/

INTANGIBILIDADE

Os serviços são como ideias ou conceitos intangíveis, já os produtos são objetos físicos e tangíveis. Por isso, quando o consumidor escolhe um produto é possível vê-lo, senti-lo, e também, em certas ocasiões, testar seu desempenho antes de levá-lo para casa. Esta é a principal diferença entre um produto e um serviço, a intangibilidade.

Imagine um consumidor comprando roupas em uma loja de departamento. Lá ele pode sentir a textura do tecido, observar as diversas cores e tamanhos, além de provar para saber se a roupa está de acordo com suas intenções de compra.

Fonte: https://www.pexels.com/pt-br/

No caso do serviço, o cliente precisa confiar na reputação da empresa antes de conhecê-la. Imagine seu primeiro contato com um salão de beleza. Você escolhe com base na recomendação de amigos ou conhecidos ou, ainda, na opinião de desconhecidos que avaliam aquele local. Mas, você só saberá se aquele serviço é realmente o que você espera e precisa após consumi-lo.

Fonte: https://www.pexels.com/pt-br/

A natureza intangível dos serviços torna-se um desafio para os prestadores e para os clientes. Esta pauta é tão importante que os governos têm adotado diretrizes para garantir desempenhos aceitáveis pelos serviços, o que se dá, por exemplo, por meio do uso de registros, licenciamentos e regulamentações, e selos de garantias, tornando possível assegurar aos consumidores que o treinamento e os testes de desempenho de prestadores de serviços atinjam determinados padrões necessários para seu funcionamento. Por exemplo, no setor da construção civil, os projetos de construções públicas devem ser aprovados por engenheiros registrados. Médicos devem ser licenciados para a prática da medicina. A companhia de energia elétrica tem sua atividade regulamentada por órgãos confiáveis.

Como ponto de destaque, devemos ter em mente que geralmente os serviços possuem elementos tangíveis, como as camas de um hotel, as refeições em um restaurante, os cartões de um banco; no entanto, são os elementos intangíveis que dominam a criação de valor em desempenho de serviços!

Figura – Bens e serviços por elementos tangíveis em comparação com os intangíveis

Fonte: Lovelock, Wirtz & Hemzo (2011, p. 22)

Quando falamos sobre a intangibilidade, ela pode consistir em dimensões tanto mentais quanto físicas. A intangibilidade mental é aquela que não pode ser facilmente visualizada ou compreendida. A intangibilidade física é aquela que não pode ser tocada nem experimentada pelos outros sentidos. Um modo prático de distinguir os produtos dos serviços é colocá-los em uma escala com produtos que são tangíveis para serviços que são intangíveis, (veja a Figura – Bens e serviços por elementos tangíveis em comparação com os intangíveis).

Na figura podemos observar o sal como exemplo de produto com alta tangibilidade, pois é possível "pegar o sal" e compreendê-lo como um produto. No extremo oposto da figura temos o serviço bancário pela internet, com alto grau de intangibilidade, pois não é possível vê-lo, tocá-lo, senti-lo e, muitas vezes, compreendê-lo, pois se você não for um especialista no desenvolvimento destes tipos de softwares, não será possível dominar seu funcionamento.

SIMULTANEIDADE

Outra característica que distingue um produto de um serviço é o fato de que os serviços são criados e consumidos simultaneamente. Quando um paciente vai ao consultório de um dentista, não é possível que ele encomende uma limpeza dos dentes e vá buscá-la horas ou dias depois. É necessário que ele esteja ali presente para que o profissional possa executar o serviço.

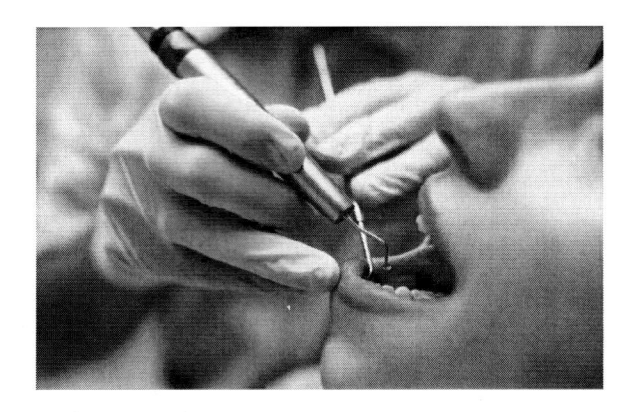

Fonte: https://www.pexels.com/pt-br/

Isso represente um grande desafio para os prestadores de serviços, pois essa simultaneidade não permite erros. Em exemplo hipotético, um dentista terá dificuldade para esconder do paciente um erro cometido durante um procedimento. O paciente pode sentir dor ou ter até mesmo um dente prejudicado caso algum erro aconteça durante a prestação do serviço.

Assim, o resultado final de um serviço é desconhecido pelo seu consumidor, pois o serviço não é como um produto concreto e acabado. O prestador do serviço se compromete em cumprir uma promessa de atendimento de especificações de demanda, firmadas em contratos, sejam eles formais ou informais, que se realizarão posteriormente, pois sendo um trabalho em processo dinâmico, não se conhece antes seu resultado final!

Desse modo, o serviço representa uma atividade essencialmente interativa. É necessário que exista um vínculo entre prestadores de serviços e seus consumidores por meio de um canal relacional permanente entre o processo de produção e consumo. Esse canal deve mantê-los conectados durante o período de tempo (ou extensão geográfica) que for necessário para a realização do serviço. Esta interação pode ser pessoal e direta, por meio da presença física das partes envolvidas, ou por meios físicos de conexão, como as telecomunicações, distribuição de água e energia elétrica e transportes.

Outro aspecto importante da simultaneidade consiste na possibilidade dos consumidores de um serviço presenciarem outros consumidores consumindo o mesmo serviço. Pense na seguinte situação: você está em sua lanchonete preferida e ao ver o pedido da mesa ao lado, decide pedir a mesma coisa – uma generosa porção de batatas fritas com cobertura extra de queijo cheddar e bacon. Você aguarda ansiosamente seu pedido e, quando ele chega, você percebe que sua porção de batatas fritas não está tão generosa quanto a porção da mesa ao lado – além disso, as batatas vieram mais fritas do que o esperado e com menos queijo cheddar. Isso gera uma insatisfação imediata por causa da comparação que você provavelmente fará tomando como referência o pedido da mesa ao lado.

Podemos pensar em outro exemplo: imagine que você está em uma clínica odontológica e ocorre o seguinte: o paciente que entrou no consultório antes de você está desesperado e grita de dor. O que isso gera em você? Qual sentimento em relação aquele prestador de serviços você terá? Esse é um grande desafio para os serviços, pois os consumidores podem afetar diretamente na percepção de qualidade e confiança sobre um determinado tipo de serviço.

PERECIBILIDADE

Pelo fato de os serviços serem consumidos no momento em que são produzidos, eles não podem ser estocados ou armazenados, o que constitui uma característica fundamental para a administração de serviços, pois um serviço é uma mercadoria perecível. As indústrias podem manter estoques de produtos não perecíveis como canetas e cadernos no caso de uma fábrica de materiais escolares. Os serviços, por sua vez, operam como sistemas abertos, com todo o impacto das variações da demanda sendo transmitido ao sistema.

Pense em um assento vazio em um avião ou em um ônibus, ou um quarto desocupado em um hotel, ou ainda, em uma mesa vazia em um restaurante. Em cada um desses exemplos, perdeu-se uma oportunidade de prestação de serviço. Como ele não pode ser estocado, se não for usado naquele momento em que está sendo prestado, será, em geral, perdido.

Fonte: https://www.pexels.com/pt-br/

Por isso, a utilização da capacidade total de um serviço, ou seja, a ocupação completa de assentos em um avião ou de mesas em um restaurante, torna-se um desafio para gestão conforme as demandas de clientes sofrem variações consideráveis, e não existe a possibilidade de criar estoques para absorver essas flutuações na demanda.

No entanto, algumas demandas podem ser previstas antecipadamente devido ao comportamento cíclico de alguns tipos de consumidores. Por exemplo, o costume de almoçar entre o meio-dia e às 13h00 faz com que os restaurantes tenham dificuldades para a acomodação dos consumidores nesse horário, considerado como sendo um horário de pico. Por isso, é comum que restaurantes façam ofertas e promoções para clientes que forem almoçar antes do meio-dia ou após às 14h00.

Desta forma, prestadores de serviços podem usar estratégias como suavizar a demanda usando reservas ou agendamento de entrevistas ou consultas ou usando incentivos nos preços, como, por exemplo, dando descontos para a compra de passagens durante a semana em horários alternativos como 15h00. Podem, ainda, ajustar a capacidade dos serviços, utilizando funcionários extras durante o horário de pico e permitindo que clientes esperem pelo atendimento, oferecendo um preço reduzido nas passagens aos passageiros em lista de espera.

HETEROGENEIDADE

A combinação da intangibilidade dos serviços com a simultaneidade, em que o cliente participa ativamente do consumo do serviço, resulta na variação de serviços de cliente para cliente. Essa interação cria a possibilidade de uma experiência de trabalho humano mais satisfatória, pois geralmente a prestação de serviços é voltada para pessoas, e não objetos.

Além disso, é possível adaptá-los às necessidades individuais de cada consumidor. Como, por exemplo, podemos pensar em um serviço de barbearia que pode customizar o corte de cabelo e barba de acordo com o desejo de cada cliente, oferecendo um corte mais clássico ou mais inovador, ajustando formato, cor, volume entre outros itens que personalizem e valorizem o estilo do cliente.

Fonte: https://br.freepik.com/

Mas essa característica também apresenta desafios para os prestadores de serviços. Você se recorda do exemplo da porção de batatas fritas? Isso ocorre por causa dessa característica do serviço, chamada de heterogeneidade ou variabilidade. O mesmo produto estava sendo manuseado, batatas fritas, na mesma cozinha, no mesmo dia, talvez pelo mesmo cozinheiro; no entanto, um segundo de desatenção fez com que aquelas batatas fritassem mais do que o esperado, pois nesse caso hipotético, as batatas não são fritas em uma máquina automatizada, existe um ser humano controlando o tempo em que elas ficarão submersas em óleo quente para serem fritas.

Ao consumir um serviço, o consumidor espera ser tratado de forma justa e ter o mesmo serviço que os outros receberam. Por isso, empresas prestadoras de serviços desenvolvem padrões e treinamento dos funcionários em procedimentos apropriados a fim de assegurar a coerência no serviço fornecido. Torna-se quase que impossível para as empresas o monitoramento da produção e execução de cada funcionário, por isso os consumidores de serviços desempenham um papel importante no controle da qualidade ao fornecer suas opiniões.

CAPÍTULO 3
O PACOTE DOS SERVIÇOS

Como você avalia se um serviço é bom ou ruim? Um dos principais desafios para gestores de serviços é o critério para avaliação da qualidade do serviço prestado. Quando você compra um sapato é possível saber exatamente se gosta dele por meio de atributos tangíveis e concretos como sua cor, sua textura, se o tamanho está adequado, sua durabilidade, e o conforto ao caminhar com o sapato. Você consegue, em geral, saber quais elementos fazem com que você goste ou não daquele sapato. A mesma coisa acontece com um automóvel, ao comprá-lo você escolhe o tamanho, a quantidade de portas, o tipo de assento, a potência do motor, o tipo de combustível, entre outros fatores de escolha. É possível, assim, que você escolha a combinação mais adequada ao seu bolso e interesse.

Mas e com o serviço? Como você sabe se um serviço é bom? Como avaliar se um restaurante é bom? Pelo sabor da comida? Pela variedade de opções no cardápio? Pela quantidade de mesas disponíveis para os clientes? Pela decoração e ambientação? Pelo atendimento dos garçons? Pela possibilidade de estacionamento gratuito? Perceba quantos critérios intangíveis e abstratos podem ser utilizados para avaliar um restaurante.

Para aqueles consumidores que gostam de privacidade, um restaurante com número reduzido de mesas será melhor avaliado, ao passo que um consumidor que deseja receber amigos para uma confraternização de aniversário prefere um lugar com maior número de mesas e espaço disponível. Se ambos forem ao mesmo restaurante, no mesmo dia, a probabilidade de que um deles saia insatisfeito é muito grande. Em um banco, por exemplo, a satisfação do cliente pode ocorrer apenas com base na simpatia do atendimento ou no tamanho da fila de espera.

Nesse sentido, os gestores de serviços têm dificuldades para descrever os produtos oferecidos aos clientes, visto que existem inúmeros elementos inclusos na prestação de um único serviço. Pense em um hotel e na quantidade de serviços que são oferecidos, desde o estacionamento, carregamento de malas, *check-in*, decoração do *lobby*, elevador, conforto da suíte, aquecimento do ambiente, potência do chuveiro, silêncio das dependências, áreas de lazer e entretenimento, dentre tantos outros serviços que muitas vezes não são percebidos pelos clientes, mas que fazem parte da sensação de bem-estar e satisfação com o serviço como um todo.

Todos esses elementos fazem parte do que chamamos de pacote de serviços. Esse pacote é definido como um conjunto de mercadorias e serviços que são fornecidos em um ambiente, sendo composto pelos seguintes elementos:

1. Instalações de apoio: é o local preparado ou necessário para que o serviço seja realizado e que deve estar disponível antes de se oferecer um serviço. Exemplos: campos de golfe, o edifício de hospitais ou restaurantes e as aeronaves das empresas de aviação civil.

Fonte: https://www.pexels.com/pt-br/

2. Bens facilitadores: são os materiais adquiridos ou consumidos pelo consumidor para que o serviço possa acontecer. Exemplos: tacos de golfe, itens de alimentação como os pratos, os talheres, as bandejas, suprimentos médicos como os remédios, as seringas e as ataduras.

Fonte: https://www.pexels.com/pt-br/

3. Informações: são os dados de operações ou informações que são fornecidos pelo consumidor para que aconteça a prestação de um serviço eficiente e customizado. Exemplos: prontuários de pacientes, assentos disponíveis em um voo, preferências do cliente identificadas a partir de visitas anteriores e localização de um cliente para o envio de táxi ou Uber.

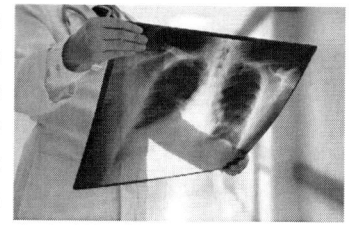

Fonte: https://www.pexels.com/pt-br/

4. Serviços explícitos: são os benefícios que são prontamente percebidos pelo cliente e que consistem nas características essenciais ou intrínsecas dos serviços. Exemplos: a ausência de dor após a restauração de um dente, um automóvel rodando suavemente após o conserto e o tempo de resposta dos bombeiros a um chamado.

Fonte: https://www.pexels.com/pt-br/

5. Serviços implícitos: são os benefícios psicológicos que o cliente pode sentir apenas vagamente ou características extrínsecas dos serviços. Exemplos: o status de ser formado por uma escola reconhecida como as da *Ivy League*, despreocupação ao usar uma oficina que garante os reparos, o ambiente agradável de um restaurante ou hospital, a sensação de segurança em voar com determinada companhia aérea.

Fonte: https://www.pexels.com/pt-br/

Todos esses elementos são percebidos consciente ou inconscientemente pelo cliente e formam a base para a sua satisfação em relação ao serviço. Por isso, é muito importante que o prestador de serviços ofereça ao cliente uma experiência que seja condizente com o pacote de serviços desejado. Vamos considerar um hotel econômico, como os da rede Ibis. A instalação de apoio desse hotel conta com uma construção de concreto com móveis menos confortáveis. Os bens facilitadores são reduzidos ao mínimo necessário, como sabonete e papel higiênico. As informações sobre a disponibilidade dos quartos são usadas para que o cliente possa fazer uma reserva antecipada pelo *site*. Sobre os serviços explícitos, este hotel possui uma cama razoavelmente confortável e um quarto limpo. Por fim, os serviços implícitos incluem um atendente prestativo e a segurança de um estacionamento bem iluminado. Utilizar serviços de quarto complexos neste tipo de hotel, causaria um desvio na imagem de hotel econômico, por exemplo.

Dentro de uma instalação de apoio de um serviço, muitos elementos agem como sinais explícitos ou implícitos para comunicar a imagem da empresa, ajudar na orientação do consumidor e transmitir o roteiro do serviço. Como exemplo de sinais explícitos que podem ser utilizados para orientar o cliente em um serviço temos: placas para indicar o nome do departamento ou do balcão de atendimento, para dar direções de determinados balcões de atendimento, entrada, saída, elevadores e toaletes, para comunicar o roteiro de serviço para pegar uma senha e esperar sua vez ou esvaziar e devolver a bandeja após a refeição.

Fonte: https://br.freepik.com/

Também podem ser utilizadas para orientar as regras comportamentais daquele espaço, como, por exemplo, desligar ou colocar telefones celulares no modo silencioso durante uma exibição ou regulamentação de áreas de fumantes e não fumantes. Desta forma, é comum que placas sejam usadas para ensinar e reforçar regras comportamentais em cenários de serviços.

Esses elementos sinalizadores são importantes, pois clientes podem ficar desorientados quando não conseguem encontrar sinais claros de um cenário de serviço. Isso pode resultar em ansiedade e incerteza sobre como proceder e como obter o serviço desejado. Clientes que visitam a empresa pela primeira vez podem sentir-se perdidos em um ambiente confuso e, como resultado, sentirem raiva e frustração, gerando insatisfação com o serviço prestado. Você consegue lembrar de alguma situação em que você estava com pressa e tentou encontrar o caminho certo dentro de um hospital, shopping center ou aeroporto desconhecidos e estes sinais orientadores e indicativos não eram claros e intuitivos? Isso é, infelizmente, mais comum do que pensamos.

A FLOR DE SERVIÇOS

Além do pacote de serviços que vimos, os serviços principais costumam compartilhar uma gama de elementos de serviços suplementares. Estes podem ser classificados em dois tipos: (1) serviços suplementares facilitadores, que são demandados para a entrega ou o auxílio no uso do serviço principal, como informação e pagamento; e (2) serviços suplementares realçadores, que adicionarão valor extra aos consumidores do serviço, como hospitalidade e proteção. Veremos esses elementos suplementares com mais detalhes.

Figura – Serviços suplementares facilitadores realçadores

Serviços facilitadores	Serviços realçadores
> Informação.	> Consulta.
> Recebimento de pedidos.	> Hospitalidade.
> Cobrança.	> Salvaguarda.
> Pagamento.	> Exceções.

Fonte: Lovelock, Wirtz & Hemzo (2011, p. 107).

Esses grupos de elementos de serviços suplementares são exibidos como pétalas (ver Figura – Bens e serviços por elementos tangíveis em comparação com os intangíveis), que cercam o miolo de uma flor chamada *"Flor de serviço"*. Nesta flor, as pétalas estão dispostas no sentido horário, por causa da provável sequência em que serão encontradas pelos clientes, mesmo que possam variar, pois o pagamento, por exemplo, pode ser feito antes da entrega do serviço. Mas, de maneira geral, eles acontecem em uma sequência lógica, conforme previsto na flor de serviços.

Figura – Bens e serviços por elementos tangíveis em comparação com os intangíveis

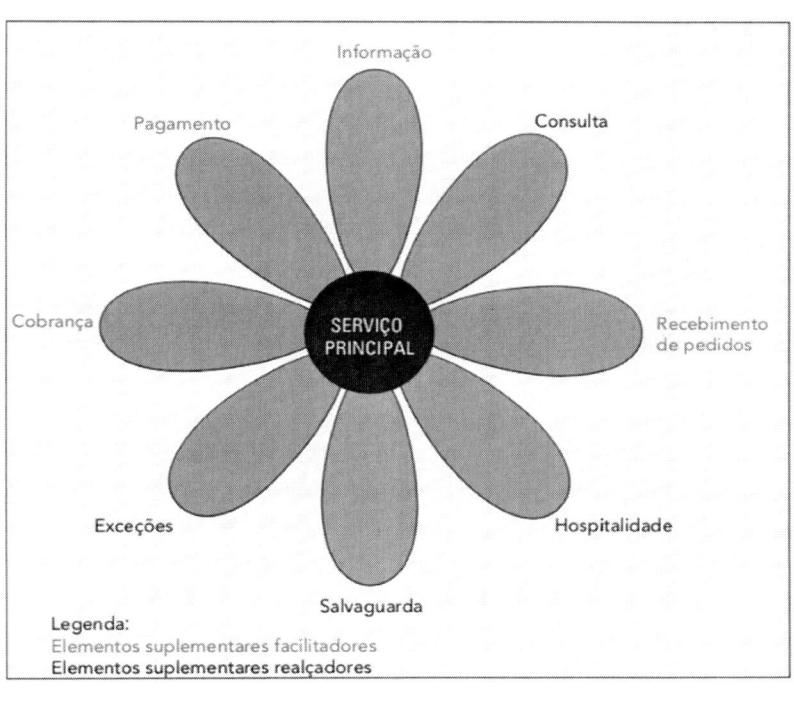

Fonte: Lovelock, Wirtz & Hemzo (2011, p. 107).

Imagine que em um serviço bem projetado e bem administrado, as pétalas e o miolo desta flor serão frescos e bem formados. No entanto, em serviço mal planejado ou mal executado essa flor terá pétalas arrancadas ou murchas, mesmo que o miolo esteja perfeito, a impressão geral da flor é pouco atrativa. Isso acontece porque em serviços cada pequeno detalhe pode ter um impacto muito significativo sobre a satisfação do serviço como um todo. Você provavelmente já saiu insatisfeito, mesmo que parcialmente, de uma loja ou restaurante, mesmo que o serviço principal tenha sido bem executado. Isto pode ocorrer, por exemplo, por causa da falta de hospitalidade da pessoa que lhe atendeu, ou pela falta de mais opções de pagamento.

FACILITANDO SERVIÇOS SUPLEMENTARES

Informação: para obter valor total de qualquer bem ou serviço, clientes precisam de informações relevantes. Os tipos de informação variam de horários de trens e voos a ajuda para localizar lojas de fábrica e informações sobre profissionais liberais. O cliente precisa saber onde o serviço está disponível, assim como as opções oferecidas, suas características, formas de utilização, preços, entre outros fatores. Clientes novos e potenciais, em especial, são carentes de informações, pois ainda conhecem pouco o serviço, e o risco percebido acaba sendo mais alto nesse grupo.

Tabela – Exemplos de elementos de informação

Endereço do local do serviço	Documentação
Programação/horário de atendimento	Confirmação de reservas
Preços	Extratos de atividades contábeis
Instruções sobre uso de serviço principal/ serviços suplementares	Comunicação de mudanças
Lembretes	Recibos e ingressos
Avisos	Condições de venda/suporte

Fonte: Lovelock, Wirtz & Hemzo (2011, p. 108).

Os prestadores de serviços devem tomar cuidado para que sua informação seja oportuna e exata, caso contrário os clientes podem ficar insatisfeitos ou lhes causar problemas. Por causa da intangibilidade dos serviços, os clientes dependem das informações para estabelecer suas expectativas, avaliar a qualidade recebida e definir seu grau de satisfação. Os Correios, por exemplo, fornecem um número de referência que lhes permite rastrear o trajeto de uma remessa até que a encomenda chegue ao destinatário.

Recebimento de pedidos: quando os clientes compram algum serviço, é necessário que a empresa que prestará o serviço esteja apta para aceitar inscrições, pedidos e reservas. Os bancos, as seguradoras, e os serviços públicos, por exemplo, exigem que clientes potenciais passem por um processo de cadastro para reunir informações relevantes. Essas informações podem servir para recusar quem não atenda aos critérios de aceitação, como um mau histórico de crédito ou sérios problemas de saúde, por exemplo.

Tabela – Exemplos de elementos de recebimento de pedidos

Inscrição	Entrada de Pedidos	Reservas e check-in
• Associar-se a clubes ou programas.	• Preenchimento de pedido no local.	• Assentos/mesas/quartos.
• Serviços que exigem inscrição (por exemplo, serviços públicos: exames, concursos, licitações).	• Pedido por correio/telefone/e-mail/*site*.	• Locação de veículos ou equipamentos. • Consultas profissionais.
• Serviços baseados em pré-requisitos (por exemplo, crédito financeiro, matrícula em uma faculdade).		• Visitas a instalações restritas (por exemplo: museus e aquários).

Fonte: Lovelock, Wirtz & Hemzo (2011, p. 109)

As universidades também exigem que futuros candidatos se inscrevam para admissão no processo seletivo e um dos critérios avaliados é a conclusão do Ensino Médio. As reservas, incluindo consultas e *check-in*, habilitam o acesso dos clientes a uma unidade de serviço especificada, como uma poltrona de avião, uma mesa de restaurante, o acesso a uma conta bancária ou a um e-mail, um quarto de hotel, o tempo de um profissional qualificado ou a entrada para um teatro ou estádio de futebol com assentos numerados.

A aceitação desses pedidos deve ser cortês, rápida e precisa, para que os clientes não percam tempo nem façam esforços mentais ou físicos desnecessários. A tecnologia pode ser uma forte aliada nesse processo e acelerar o recebimento de pedidos. Por exemplo, as companhias aéreas vendem seus assentos com base em reservas feitas por telefone ou *sites*. Posteriormente, esses clientes apresentam um documento de identidade e o número de confirmação da compra no aeroporto e fazem o *check-in* para receber o cartão de embarque.

Cobrança: é parte comum para os serviços, exceto aqueles fornecidos gratuitamente. Deve-se tomar cuidado com a emissão e envio de faturas erradas, ilegíveis ou incompletas. A abordagem mais simples talvez seja a autocobrança, quando o cliente calcula a quantia relativa a um pedido e entrega o valor em dinheiro ou passa seu cartão de crédito digitando sua senha. Nesses casos, cobrança e pagamento são combinados em um único ato, embora o vendedor ainda tenha de conferir se as contas estão corretas.

Tabela – Exemplos de elementos de cobrança

Extratos periódicos de movimentação da conta	Faturas para transações individuais
Informação verbal da quantia devida.	Visualização, em uma máquina, da quantia devida.

Fonte: Lovelock, Wirtz & Hemzo (2011, p. 111).

Clientes costumam ficar irritados com a espera de uma fatura em um hotel ou em uma locadora de automóveis. Muitos desses estabelecimentos já criaram opções de *check-out* expresso. Para isso, anotam dados do cartão de crédito de seus clientes e posteriormente enviam a documentação de cobrança. Um procedimento alternativo de *check-out* expresso é utilizado por algumas locadoras de automóveis, como a Unidas. Nesse processo, um atendente encontra o cliente na devolução do carro, verifica a quilometragem e o nível de combustível e imprime uma fatura por um terminal portátil sem fio. Existem hotéis que colocam as faturas demonstrativas dos gastos do hóspede até a manhã da partida embaixo da porta do quarto. Outros oferecem aos clientes a opção de verificar suas faturas nos monitores de TV de seu quarto ou em seus *smartphones* e *laptops* antes do *check-out*.

Pagamento: existem diversas opções de pagamento, mas todas elas devem oferecer facilidade e conveniência para o cliente. Existem sistemas de autosserviço, como, por exemplo, aqueles em que o cliente insere moedas, notas, fichas ou cartões em máquinas.

Tabela – Exemplos de elementos de pagamento

Autosserviço	Direto ao recebedor ou intermediário	Dedução automática de depósitos financeiros
• Inserir cartão de pagamento, dinheiro ou ficha em uma máquina • Envio de cheque pelo correio • Inserção do número de cartão de crédito *online* • Transferência eletrônica de fundos.	• Manuseio de dinheiro vivo e devolução de troco • Manuseio de cheques • Manuseio de cartão de crédito/cobrança/débito • Resgate de cupom. • Fichas, comprovantes, outros.	• Sistemas automatizados (por exemplo, bilhetes lidos por máquinas que acionam portas e portões de entrada, ou como o sistema por radiofrequência Sem Parar, para pagamento de pedágio). • Sistemas humanos (por exemplo, cobradores de pedágio, cobradores de ônibus, agentes de segurança que controlam o ingresso em um recinto).

Fonte: Lovelock, Wirtz & Hemzo (2011, p. 112).

No entanto, a maioria dos pagamentos ainda é realizada com dinheiro em espécie ou por cartões de débito ou crédito. Meios alternativos são os comprovantes, cupons ou bilhetes pré-pagos e outros meios eletrônicos, como, por exemplo, o *PayPal*, que oferece um sistema de efetuar pagamentos de forma simples. Também estão se tornando mais comuns sistemas de pagamento via SMS e Bluetooth, pelo celular.

REALÇANDO SERVIÇOS SUPLEMENTARES

Consulta: a consulta envolve um diálogo com o cliente para entender possíveis demandas e então desenvolver uma solução sob medida.

Tabela - Exemplos de elementos de consulta

Consulta administrativa ou técnica
Aconselhamento pessoal
Recomendação personalizada
Tutorial/treinamento na utilização do produto

Fonte: Lovelock, Wirtz & Hemzo (2011, p. 112).

A consulta consiste no conselho que um cliente solicita para um prestador de serviço capacitado. Isso ocorre, por exemplo, quando o cliente pede ao seu cabeleireiro uma opinião sobre estilos de corte ou sobre produtos específicos para o seu tipo de cabelo. Ou ainda, quando o cliente pede ajuda para uma vendedora sobre a combinação ideal de roupas e acessórios para um determinado evento social.

Outra forma de consulta acontece por meio do aconselhamento, que consiste em uma abordagem mais sutil, pois implica em ajudar os clientes a entenderem sua situação para que consigam criar suas próprias soluções. O programa de emagrecimento Vigilantes do Peso, utiliza o aconselhamento para ajudar seus clientes na modificação de seus comportamentos para que após a dieta inicial eles consigam perder peso. Também é possível oferecer conselhos por meio de tutoriais, programas de treinamento em grupo e demonstrações ao cliente.

Hospitalidade: caracteriza-se pelo acolhimento caloroso que o prestador de serviço oferece ao cliente. Empresas que gerenciam bem seus serviços almejam que seus funcionários tratem os clientes como hóspedes. No filme "Atentado ao Hotel Taj Mahal", baseado em acontecimentos reais, os funcionários do hotel arriscam suas vidas para proteger os hóspedes durante uma série de atentados terroristas ocorridos em Mumbai, Índia em 2008. O lema dos funcionários do hotel é "O hóspede é Deus". Com esse lema – talvez um pouco exagerado para a maioria de nós, ao mesmo tempo em que é muito ilustrativo – os funcionários não medem esforços, inclusive arriscam suas vidas, para que os hóspedes sejam tratados como a parte mais importante do serviço.

De todo modo, a cortesia e a consideração pelas necessidades dos clientes devem ser mantidas, tanto nos contatos pessoais quanto nos digitais, como *site* e telefone.

Tabela – Exemplos de elementos de hospitalidade

Cumprimentos
Comidas e bebidas
Banheiros e lavatórios
Transporte
Segurança
Salas, de estar, áreas de espera, lugares para sentar
Proteção contra intempéries
Entretenimento, como revistas e jornais

Fonte: Lovelock, Wirtz & Hemzo (2011, p. 114).

A hospitalidade, em alguns casos, começa e termina com uma oferta de transporte para o local do serviço, em vans ou ônibus exclusivos de cortesia. Um exemplo está nas companhias aéreas Latam e Gol, que oferecem traslado gratuito aos passageiros que desembarcam no aeroporto de Guarulhos para pontos da cidade de São Paulo como a avenida Paulista e o aeroporto de Congonhas.

Caso a espera dos clientes pelo atendimento seja ao ar livre, um prestador atencioso oferecerá proteção contra o sol, o vento ou a chuva. Além disso, oferecerá uma área de espera com poltronas e até mesmo algum entretenimento como televisão, jornais ou revistas para passar o tempo. A qualidade destes elementos de hospitalidade desempenha um papel importante na determinação da satisfação dos clientes. Hospitais particulares procuram realçar seus apelos ao oferecer serviços de quarto que incluem refeições de qualidade que podem ser comparáveis aos de um bom hotel.

Salvaguarda: quando vão ao local de serviço, os clientes querem cuidados com seus pertences pessoais. Alguns clientes não frequentarão um determinado estabelecimento caso não seja oferecido um estacionamento com seguro para o carro, por exemplo. Serviços de salvaguarda (proteção) incluem elementos como chapelaria, manuseio e armazenagem de bagagem, guarda de valores e objetos e cuidados com crianças e animais de estimação. Ainda nesta linha, muitos hotéis oferecem serviço de cofre dentro do quarto para que os hóspedes possam guardar seus pertences de valor.

Tabela – Exemplos de elementos de salvaguarda

Cuidados com pertences que os clientes trazem consigo	Cuidados com mercadorias compradas (ou alugadas) por clientes
• Assistência a crianças e animais de estimação • Estacionamento para veículos, serviço de manobrista • Chapelaria • Manuseio de bagagem • Espaço de armazenagem • Cofres de segurança • Pessoal de segurança.	• Embalagem • Retirada • Transporte e entrega • Instalação • Inspeção e diagnóstico • Reabastecimento de combustível • Limpeza • Manutenção preventiva • Consertos e reformas.

Fonte: Lovelock, Wirtz & Hemzo (2011, p. 115).

O banco Itaú, por exemplo, distribui cartilhas de instrução para seus clientes sobre o uso responsável da conta e de financiamentos. Outros bancos instalam seus caixas eletrônicos em locais bem iluminados e de alta visibilidade. Além disso, ao enviarem o cartão de crédito para o cliente, empregam mecanismos que bloqueiam o seu uso até que o próprio cliente, por meio do fornecimento de informações pessoais, autorize sua liberação. Empresas de *e-commerce*, como Submarino e Amazon, utilizam embalagens desenvolvidas especialmente para oferecer proteção a encomenda durante o transporte e a entrega. Esses serviços podem ser oferecidos sem custo ou mediante o pagamento de uma taxa adicional.

Exceções: são serviços suplementares que estão fora da rotina de entrega dos serviços principais. Existem solicitações especiais em que o cliente pede por um determinado serviço que demanda um desvio dos procedimentos operacionais normais. As solicitações feitas de forma antecipada estão relacionadas às necessidades pessoais e costumam incluir cuidados com crianças, restrições alimentares, necessidades médicas, preceitos religiosos, entre outros. Tais solicitações são comuns nos setores de viagem e de hospitalidade, como, por exemplo, a solicitação de refeições veganas para companhias aéreas em voos de longa duração.

Tabela – Exemplos de elementos de exceção

Solicitações especiais antes da entrega de serviço	Tratamento de comunicações especiais	Resolução de problemas	Restituição
• Necessidades particulares de crianças • Restrições alimentares • Necessidades médicas ou de deficientes • Preceitos religiosos.	• Reclamações • Elogios • Sugestões.	• Garantias financeiras e físicas contra funcionamento inadequado de produtos • Resolver dificuldades que surgem com a utilização do produto • Resolver dificuldades causadas por acidentes ou falhas de serviço • Prestar assistência a clientes que sofreram um acidente ou uma emergência médica.	• Conserto gratuito de bens defeituosos • Reembolsos e compensação.

Fonte: Lovelock, Wirtz & Hemzo (2011, p. 116).

Em alguns casos a entrega do serviço apresenta alguma falha por causa de acidentes, atrasos, problemas com equipamentos ou dificuldades do cliente na utilização do produto. Essas falhas de serviços devem ser recuperadas rapidamente, para que isso não gere insatisfação do cliente. Além disso, quando um serviço apresenta falhas, muitos clientes esperam receber algum tipo de compensação. Isso pode acontecer como forma de consertos sob garantia, acordos legais, reembolsos, uma oferta de serviço gratuito ou outras formas de pagamento.

A maioria dos clientes não costuma reclamar nem elogiar, por diversos motivos, mas para que isso aconteça, expressar insatisfação, oferecer sugestões de melhorias e fazer elogios, tem de ser fácil, e as prestadoras de serviços devem estar aptas a dar uma resposta adequada e rápida.

PARA PRATICAR

Como conclusão de nosso capítulo, trazemos para você uma sugestão de critérios que podem ser utilizados para a avaliação do pacote de serviços de diversos tipos de serviços:

INSTALAÇÕES DE APOIO				
Localização	Decoração interior	Equipamento de apoio	Adequação da arquitetura	Layout das instalações
É acessível por transporte público?	Está apropriada?	O dentista usa uma broca mecânica ou pneumática?	Arquitetura renascentista para campus universitário	Existe um fluxo natural do tráfego?
É localizada em uma região central?	Qualidade e coordenação do mobiliário	Qual é o modelo e o ano da aeronave utilizada pela companhia aérea?	Característica singular e reconhecível de um telhado de telhas azuis	Há áreas de espera adequadas?
			Fachada de granito de uma agência bancária central	Existem movimentações desnecessárias?

BENS FACILITADORES		
Coerência	Quantidade	Seleção
Batatas fritas crocantes	Bebida pequena, média ou grande	Variedade de silenciadores para reposição
Controle das porções		Número de itens no cardápio

INFORMAÇÕES		
Precisão	Precaução	Utilidade
Endereços atualizados dos clientes	Alerta de tempestade	Raio X para identificar um osso quebrado
Relatório de crédito correto		Situação do estoque

SERVIÇOS EXPLÍCITOS			
Treinamento do pessoal prestador de serviço	Abrangência	Coerência	Disponibilidade
O mecânico tem o certificado do Instituto de Excelência em Serviços Automotivos (NIASE – National Institute for Automotive Service Excellence)?	Desconto do corretor comparado a seu serviço total	Registros de pontualidade de uma empresa aérea	Serviço 24 horas
Os médicos têm registro profissional?	Hospital geral comparado a uma clínica	Atualização profissional para médicos	Existe um *site* na Internet?
			Existe um número para ligação gratuita?

SERVIÇOS IMPLÍCITOS						
Atitude do serviço	Ambiente	Espera	Status	Sensação de bem-estar	Privacidade e segurança	Conveniência
Bom-humor do comissário de voo	Decoração de restaurante	Entrar no drive-in de um banco / Ficar aguardando atendimento	Diploma de universidade de prestígio nacional	Avião comercial de grande porte	Advogado aconselhando cliente em escritório particular	Uso de equipamentos/ mobiliários
Atendimento rude em um restaurante	Música em um bar	Saborear um martíni no bar de um restaurante	Camarotes em um evento esportivo	Estacionamento bem iluminado	Cartão magnético para apartamento de hotel	Estacionamento grátis
Policial aplicando uma multa com tranquilidade	Sensação de confusão em vez de ordem					

Ainda que não exaustiva, a lista apresentada pode ser útil para ampliar sua forma de pensar e de avaliar os serviços que oferece ou dos quais é cliente. Com estes conhecimentos já consolidados, passaremos agora para a segunda parte de nossa obra, relacionada às operações de serviços.

PARTE II
OPERAÇÕES DE SERVIÇOS

CAPÍTULO 4

GESTÃO DA CAPACIDADE E DEMANDA EM OPERAÇÕES DE SERVIÇOS

DEFINIÇÃO DE CAPACIDADE DE SERVIÇO

Provavelmente, você já ouviu falar na "lei da oferta e procura". Esta lei acaba por regular aspectos fundamentais de nossa economia e, em sentido mais amplo, de nossas vidas. O termo procura tem relação direta com o termo demanda, da seguinte forma: a demanda é a procura por determinado produto ou serviço. Trata-se de quanto, por exemplo, em quantidade e qualidade, os consumidores estão propensos a comprar de um produto ou um serviço durante um período de tempo.

Por exemplo, no Natal, experimentamos o aumento da procura por certos itens, tais como: carnes como peru e chester, panetone, uva passa, itens de decoração, como árvore de Natal e Papai Noel, brinquedos, roupas, calçados, e assim por diante. Depois que o Natal passa, a demanda, ou seja, a procura por esses itens, diminui. Há, portanto, uma sazonalidade nessa demanda.

Em serviço, capacidade é definida em unidades de produção por unidade de tempo. Por exemplo, em um banco, capacidade relaciona-se com a quantidade de transações efetivadas por dia para um funcionário.

A capacidade de serviço também pode ser definida analisando sua instalação de apoio, como o número de quartos em um hotel ou de assentos disponíveis em uma aeronave. No caso da aeronave, essa capacidade pode ser limitada por diversos fatores, como a mão de obra disponível (por causa da qualificação necessária à execução desse serviço), como os pilotos, os comissários de bordo e o pessoal da manutenção. Isso porque todos esses funcionários precisam possuir conhecimentos técnicos específicos para que o serviço possa acontecer da maneira adequada. Além disso, existe a necessidade de equipamentos, como o tipo e a quantidade de aeronaves, e a disponibilidade de portões de embarque nos aeroportos em que aquele avião fará escalas. Dessa forma, podemos concluir que capacidade é um conceito que possui duas variáveis: tempo e volume, ou seja, a quantidade máxima de produtos e serviços que podem ser produzidos em uma unidade produtiva, em determinado intervalo de tempo.

Nos demais setores, como agricultura e indústria, a capacidade também é mensurada por volume e tempo, conforme quadro:

Quadro – Medidas de capacidade produtiva em indústrias e serviços

Uso de medidas de produção	
Tipo de negócio	**Medida de capacidade**
Siderurgia	Toneladas de aço por mês
Refinaria de petróleo	Litros de gasolina por dia
Montadora de automóveis	Número de carros por mês
Companhia elétrica	Megawatts por hora
Fazenda (agricultura)	Toneladas de grãos por ano
Companhia aérea	Número de assentos por voo
Restaurante	Número de refeições por dia
Teatro (ou cinema)	Número de assentos
Hotel	Número de quartos
Hospital	Número de leitos

Fonte: Baseado em Slack *et al.* (2009).

Pense em um restaurante. Quantos clientes podem ser atendidos durante um dia típico de serviço? Para responder a essa pergunta é necessário saber quantas mesas existem no restaurante, por exemplo. Se o restaurante possui 20 mesas com 4 cadeiras cada, sabemos que pode atender 80 pessoas sentadas de uma única vez, de acordo com sua instalação de apoio (mesas e cadeiras).

Mas esse é o único critério? Certamente não. É necessário que aquele restaurante tenha capacidade para servir todas essas mesas, caso ele funcione no sistema *à la carte*. Além disso, ele precisa ter capacidade produtiva na cozinha, com equipamentos e máquinas para cozinhar para 80 pessoas ao mesmo tempo, caso esse seja o cenário. Outro ponto importante é a quantidade de funcionários. Esse restaurante precisa ter cozinheiros, garçons e demais funcionários que possam atender essa quantidade de clientes durante o mesmo intervalo de tempo.

Dessa forma, em serviços, a capacidade deve ser analisada em conjunto com a demanda, sempre avaliando se o prestador de serviços poderá atender sua capacidade máxima, caso isso seja necessário. Devemos ter em mente que é muito comum vermos clientes insatisfeitos, pois o prestador de serviços não consegue atender a grande demanda, principalmente em horários de pico, como o almoço em restaurantes e as datas comemorativas em hotéis.

DO EXCESSO DE DEMANDA AO EXCESSO DE CAPACIDADE

Uma das principais características do serviço é a **perecibilidade**, ou seja, serviços não podem ser estocados e, quando não são consumidos, não podem ser utilizados para venda em data posterior, conforme já vimos em capítulo dessa obra. Este é um grande desafio para prestadores de serviços com capacidade limitada e que enfrentam amplas oscilações na demanda.

Alguns serviços podem, de um modo alternativo, ser "estocados", como, por exemplo, as aulas gravadas de um curso, que deixam de ser presenciais e perdem sua interatividade. Assim, tornam-se algo mais próximo de um bem físico e, em determinados casos, também atendam às necessidades do cliente. Esse é um tipo de problema mais comumente encontrado entre os serviços que trabalham com pessoas ou posses físicas, mas também pode afetar os serviços de processamento de informações que utilizam mão de obra intensiva e enfrentam oscilações cíclicas de demanda.

Para as empresas que possuem capacidade fixa, como hotéis e restaurantes, o problema é que, em períodos de alta demanda, precisam recusar potenciais consumidores, fazendo com que fiquem insatisfeitos. Já em períodos de baixa demanda, as instalações ficam ociosas, e os funcionários, entediados e por vezes menos produtivos. Assim, demanda e oferta não estão em equilíbrio em muitas empresas de serviços. Utilizar, de forma eficiente, a capacidade produtiva é um dos segredos do sucesso para essas empresas. O intuito deve ser utilizar os funcionários, os equipamentos e as instalações com máxima eficiência; entretanto, é importante que a busca de produtividade não afete negativamente a qualidade do serviço prestado, o que prejudicaria a experiência do consumidor.

Quando falamos de prestadores de serviços com capacidade fixa, é necessário olharmos para quatro importantes situações de mercado:

EXCESSO DE DEMANDA

O nível de demanda ultrapassa a capacidade máxima disponível. Isso resulta na recusa da prestação do serviço para consumidores e na perda de negócios.

EXCESSO DE DEMANDA COMPARADA À CAPACIDADE ÓTIMA

Nenhum consumidor é recusado, mas as condições ficam sobrecarregadas. Nesse cenário, provavelmente, os consumidores vão perceber uma queda na qualidade de serviço prestado e podem ficar insatisfeitos.

BOM EQUILÍBRIO ENTRE DEMANDA E OFERTA

Este é o nível ideal: a capacidade ótima. O número de funcionários e as instalações estão ocupadas, mas não estão sobrecarregados, e os consumidores recebem o serviço sem atrasos e prejuízos de qualidade.

EXCESSO DE CAPACIDADE

A demanda é inferior à capacidade ótima, e os recursos produtivos estão sendo subutilizados. Isso resulta em baixa produtividade da empresa, o que representa um risco ao negócio, pois os consumidores podem ficar desapontados com a experiência ou ter dúvidas sobre a viabilidade do serviço.

Em serviços como teatro ou eventos esportivos que acontecem ao vivo, estar com a lotação máxima, ou seja, com a capacidade ótima, é muito bom, pois estimula atores e jogadores, criando um sentido de entusiasmo e de participação do público. Isso pode resultar em uma experiência satisfatória para todos.

No entanto, na maioria dos casos, é provável que o consumidor receba um serviço melhor se as instalações não estiverem funcionando com sua capacidade total. Por exemplo, em uma lanchonete, se todas as mesas estiverem ocupadas, a qualidade do serviço será, muitas vezes, inferior, porque os funcionários "ficam apressados" para atender a todos, e a probabilidade de que ocorram erros ou demora aumenta.

Pense em uma viagem de avião. Para a companhia aérea, é bom que todas as poltronas estejam preenchidas, mas, para você, será mais confortável se a poltrona ao seu lado estiver vazia, não é mesmo?

Fonte: https://www.pexels.com/pt-br/

IMPORTÂNCIA DO GERENCIAMENTO DA CAPACIDADE

Há duas estratégias para o gerenciamento de capacidade de uma empresa prestadora de serviços. A primeira é sobre o nível de capacidade, e a segunda é sobre adequação à demanda.

Podemos utilizar um hotel como ilustração. Seu nível de capacidade, ou seja, o número de suítes, é o mesmo sempre, não varia, exceto se o hotel realizar uma reforma e aumentar esse número; no entanto, a equipe de funcionários pode variar de acordo com a demanda, ou seja, ele consegue adequar sua capacidade à demanda nesse aspecto.

O GERENCIAMENTO DA CAPACIDADE DE UMA EMPRESA PRESTADORA DE SERVIÇO ESTÁ RELACIONADO A SEUS CUSTOS

Você já deve ter presenciado o cenário em que uma loja de calçados possui inúmeros vendedores ociosos ou um restaurante com muitos garçons durante um período de baixo movimento. Isso gera custos para o prestador de serviço, uma vez que ele está pagando pelo serviço daquele funcionário que não está atendendo potenciais consumidores.

O inverso também pode acontecer. Você pode entrar em estabelecimento e não encontrar nenhum atendente disponível para lhe ajudar ou ficar por muitos minutos dirigindo no estacionamento de um *shopping* em busca de uma vaga para seu carro.

Nesses casos, a demanda foi mal projetada, e a capacidade de atendimento não é suficiente. Isso gera insatisfação do consumidor e, possivelmente, perda nas vendas, afetando a lucratividade e a rentabilidade do negócio.

TÉCNICAS PARA GERENCIAMENTO DE DEMANDA

Vamos tratar, nessa seção, das técnicas para gerenciamento de demanda.

SEGMENTAÇÃO DA DEMANDA

Em raríssimos casos, a demanda por um serviço acontecerá de uma fonte homogênea, ou seja, o prestador de serviço terá a capacidade ótima, e os consumidores ficarão satisfeitos. Por isso, o prestador de serviço precisa pensar em formas de segmentar essa demanda em seu estabelecimento, para que possa otimizar sua capacidade produtiva. Pense em um consultório médico. O agendamento de consultas para períodos em que existe pouca procura é uma maneira de equilibrar a demanda.

Fonte: https://www.pexels.com/pt-br/

DESENVOLVIMENTO DE SERVIÇOS COMPLEMENTARES

A rede de restaurantes Outback incluiu como serviço complementar ao de refeições o relativo ao bar. Com isso, consumidores que antes precisavam ficar ociosos em filas, aguardando a liberação de uma mesa, podem ficar esperando no bar, enquanto consomem uma bebida ou um petisco. Isso aumenta a lucratividade do restaurante, bem como a satisfação, reduzindo a ansiedade do consumidor pela espera.

Fonte: https://www.pexels.com/pt-br/

SISTEMAS DE RESERVA

O sistema de reservas significa vender antecipadamente um serviço potencial. Quando um estabelecimento faz reservas, uma demanda adicional é desviada para outro período na mesma instalação ou para outras instalações do mesmo prestador de serviços. Esse sistema também beneficia os consumidores, reduzindo o tempo de espera e garantindo a disponibilidade dos serviços.

Fonte: https://www.pexels.com/pt-br/

OFERTA DE INCENTIVOS EM PREÇOS

Os prestadores de serviços podem adotar a estratégia de oferecer preços diferenciados para dias e horários com baixa demanda. Existem muitos exemplos de diferenciação de preços, tais como:

- Preços reduzidos em determinadas sessões de cinema – geralmente no período da tarde ou no meio da semana, como em uma quarta-feira;
- Diárias de hotéis em baixa temporada;
- Preço diferenciado em horário de baixa demanda em companhias de serviços públicos.

Fonte: https://www.pexels.com/pt-br/

PROMOÇÃO EM PERÍODOS DE BAIXA DEMANDA

Alguns prestadores de serviço têm aproveitado, de forma criativa, sua capacidade em períodos de baixa demanda. Por exemplo, muitos hotéis utilizam a baixa temporada para a realização de convenções de empresários ou de grupos de profissionais.

Em muitos casos, o hotel inteiro é reservado para grupos empresariais, que ocupam a maioria dos quartos. Para isso, esses hotéis possuem salas maiores para eventos e salas menores para reuniões com grupos pequenos. Essa estratégia pode ser utilizada para evitar a superocupação das instalações em outros períodos.

Fonte: https://www.pexels.com/pt-br/

Supermercados podem convidar seus consumidores a antecipar suas compras de ovos de chocolate ou panetones, evitando, assim, a correria da Páscoa e do Natal, ou, ainda, propor ofertas de frutas e verduras durante a semana, já que, no final de semana, os clientes enfrentam períodos de maior demanda geral nas lojas.

TÉCNICAS DE GERENCIAMENTO DA CAPACIDADE

Vamos tratar das técnicas para gerenciamento de capacidade, fundamentais na gestão de serviços.

CAPACIDADE COMPARTILHADA

Durante períodos de baixa utilização das instalações, é viável encontrar outros usos para sua capacidade. Por exemplo, as companhias aéreas têm cooperado há anos dessa forma. Nos aeroportos menores elas compartilham os mesmos portões, as mesmas rampas e os mesmos equipamentos destinados às bagagens. Para consumidores isso parece uma prática comum, mas cada companhia área tem seu espaço e suas instalações nos aeroportos. Outro fato que costuma passar despercebido pelos consumidores é o de que algumas companhias aéreas alugam suas aeronaves para outras companhias durante a baixa temporada. Nesses acordos, as aeronaves são alugadas, pintadas e adesivadas com logotipo próprio, e reformas em seu interior também são providenciadas.

Em complemento a essa ideia, muitas montadoras de veículos compartilham o transporte de seus carros nos caminhões que os levam de uma loja para outra. Portanto, no lugar de custearem esse transporte sozinhas, dividem tal custo com outras montadoras, aproveitando, assim, a capacidade do caminhão de transporte.

Fonte: https://www.pexels.com/pt-br/

AUMENTO DA PARTICIPAÇÃO DO CLIENTE

Redes de restaurantes *fast-food*, como McDonald's e Burger King, são ótimos exemplos de empresas que aumentaram a participação de seus consumidores, pois reduziram a quantidade de funcionários que limpam as mesas e não necessitam de funcionários para servi-las.

O consumidor, agora como *coprodutor*, realiza seu pedido diretamente em um totem de autoatendimento e, salvo exceções, retira seus próprios alimentos e bebidas após a refeição. Nesses casos, o consumidor espera como "compensação" por seu auxílio um serviço mais rápido e refeições mais baratas.

Fonte: https://www.istoedinheiro.com.br/
black-friday-mcdonalds-tem-cheeseburger-e-batata-frita-a-r-001/

Os bancos já trabalham com esse sistema há muitos anos. O cliente não precisa ter o custo físico de deslocar-se até um atendente, e pode realizar diversas transações sozinho no caixa eletrônico, como saques, depósitos e pagamentos.

Fonte: https://tecnoblog.net/especiais/
fast-food-terminais-autoatendimento/

Devemos lembrar, entretanto, que existem alguns problemas com o autoatendimento, pois, como a qualidade do trabalho não fica sob o controle do prestador do serviço, o consumidor pode encontrar dificuldades para localizar as opções desejadas ou realizar um pagamento errado por não saber manusear o equipamento de autoatendimento. Além disso, o autoatendimento de alimentos a granel, como cereais e grãos nos supermercados, pode levar à contaminação do produto e a possíveis perdas devido ao derramamento.

Granel

Carga (cereais, carvão, líquidos etc.) transportada nos porões dos navios mercantes sem embalagem ou acondicionamento especial, sem marca de identificação ou contagem de unidades.

Fonte: Dicionário eletrônico Houaiss da língua portuguesa.

A legislação sanitária tem modificado esse cenário tradicional dos insumos a granel, mas ainda assim seu risco de contaminação tende a ser maior por sua forma de manuseio.

TREINAMENTO DE FUNCIONÁRIOS MULTIFUNCIONAIS

Existem sistemas de serviços que são constituídos por diversas operações. Nesses casos, enquanto uma operação está ocupada, a outra pode estar ociosa. Por isso, ter funcionários que sejam multifuncionais para executar tarefas em diversas operações proporciona uma capacidade flexível para atender aos períodos de altas demandas.

Um exemplo de multifuncionalidade de funcionários ocorre em supermercados. Quando se formam filas nos caixas, por vezes, os funcionários que organizam as prateleiras passam a operar os caixas, até que o período de alta demanda acabe. O inverso também ocorre. Durante períodos de baixa demanda, alguns funcionários dos caixas se ocupam arrumando as prateleiras.

Em restaurantes de redes de *fast-food*, um treinamento multifuncional é adotado para criar flexibilidade na capacidade, pois tarefas podem ser realocadas para poucos funcionários durante períodos de baixa demanda, tornando-se mais especializadas durante os períodos de alta demanda.

Fonte: https://www.pexels.com/pt-br/

PROGRAMAÇÃO DIÁRIA DE TURNOS DE TRABALHO

A programação dos turnos de trabalho representa um importante problema para muitas empresas prestadoras de serviços que lidam com uma demanda cíclica, como hospitais, companhias telefônicas e bancos.

É necessário realizar uma previsão de demanda por hora que será convertida em necessidade de funcionários por hora. Deve-se organizar um programa de revezamentos ou turnos, que é desenvolvido para adequar-se ao perfil das necessidades dos funcionários, dentro do possível. Desse modo, os funcionários são distribuidos nesses turnos programados. Essa técnica consiste em determinar quantos funcionários são necessários para que um serviço seja prestado, evitando ter um número alto de colaboradores em horários em que a demanda é baixa. Um exemplo disso é ter muitas manicures ou muitos cabeleireiros em um salão de beleza no período da manhã e poucos no período da noite ou aos finais de semana.

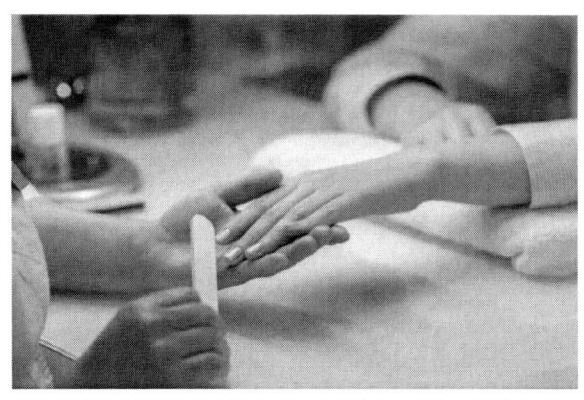

Fonte: https://www.pexels.com/pt-br/

UTILIZAÇÃO DE FUNCIONÁRIOS DE JORNADA PARCIAL

No caso dos serviços que possuem demandas previsíveis e recorrentes, como, por exemplo, restaurantes nos horários das refeições ou dias de pagamento em bancos, contar com o auxílio de funcionários extras de turnos parciais pode complementar o trabalho dos funcionários de turnos completos. Exemplos disso são as pizzarias que possuem garçons e *pizzaiolos* de período integral durante a semana e que contratam profissionais extras apenas para os finais de semana.

Existem, também, funcionários que ficam disponíveis como quadro de apoio. Companhias aéreas e hospitais costumam pagar para seus funcionários um valor adicional para que estejam disponíveis, caso isso seja necessário.

Fonte: https://www.pexels.com/pt-br/

CRIAÇÃO DE CAPACIDADE AJUSTÁVEL

Uma parte da capacidade pode ser configurada como variável por meio do *design*. Companhias aéreas costumam movimentar as divisórias entre a primeira classe e a classe econômica de acordo com o *mix* de passageiros.

Existe um restaurante chamado Benihana, localizado em Tóquio, no Japão, que modificou a distribuição de mesas e cadeiras de seu salão para acomodar áreas de alimentação que servem duas mesas de oito pessoas cada. Em cada uma dessas áreas, cozinheiros preparam a refeição na mesa de uma forma teatral, com facas reluzentes e movimentos animados. Dessa forma, o restaurante consegue ajustar sua capacidade, tendo somente o número de cozinheiros necessários em serviço.

Fonte: https://www.benihana.com/locations/saopaulo-sp-so/

A realização de tarefas de apoio durante os períodos de baixa demanda permite que os funcionários se concentrem nas tarefas essenciais durante os períodos de maior movimento. Por exemplo, é possível que os garçons de um restaurante enrolem talheres nos guardanapos ou limpem o estabelecimento quando a demanda estiver baixa. Dessa forma, eles não terão de executar tais tarefas durante os períodos de maior movimento.

CAPÍTULO 5

GERENCIAMENTO DA CADEIA DE FORNECIMENTO

Existe uma abordagem de sistema de fornecimento de produtos manufaturados para o consumidor final que se chama gerenciamento da cadeia de fornecimento. Nela, utilizamos a Tecnologia da Informação para coordenar os elementos dessa cadeia de fornecimento. Tal gerenciamento começa com os fornecedores de insumos e vai até os varejistas. A rede de comidas mexicanas estilo *fast-food*, denominada Taco Bell, possui uma abordagem interessante de gerenciamento de sua rede de fornecimento.

Fonte: www.diariodorio.com

O primeiro estágio da cadeia de fornecimento é a obtenção dos recursos naturais advindos da agricultura, como, por exemplo, as carnes, os legumes, os temperos e os grãos. Esses insumos são comprados a granel dos fornecedores e estocados em centros regionais de distribuição que abastecem as lojas. Em serviços de alimentação, é difícil prever com exatidão qual será a demanda final. Por isso, ocorrem muitos desperdícios de alimentos. E não é diferente com a Taco Bell: havia um desperdício considerável de alimentos nas lojas. Como eles gerenciaram isso?

A rede decidiu deslocar a cozinha da loja de varejo para um ponto central, que permitiu a consolidação da demanda e a redução do desperdício. Assim, o processo de produção nas lojas passou a acontecer apenas conforme os pedidos eram feitos. Dessa forma, os clientes ficaram satisfeitos, pois o tempo de espera diminuiu, as instalações ficaram mais limpas e ganhou-se mais espaço para as pessoas fazerem as refeições.

PLANEJAMENTO E MODELAGEM DA CADEIA DE FORNECIMENTO

Os ciclos de vida de produtos estão menores, como sabemos. Com isso, muitos setores, inclusive o de serviços, exigem de seus profissionais uma visão de sistema global da cadeia de fornecimento. Muitos produtos já estão quase obsoletos por causa da alta tecnologia. Por isso, é crucial planejar a capacidade de fabricação dos produtos que fazem parte do processo de serviço, como alimentos e roupas, além de entrar em acordo sobre os cronogramas para produção desses itens e estabelecer os níveis ideais de estoque.

Um planejamento mal elaborado pode resultar em dois cenários desagradáveis para o prestador de serviços. O primeiro deles é a perda de vendas por falta de produtos.

Por exemplo, muitas pessoas já se depararam com situações em que não há pão em algumas das lojas da rede de *fast-food* Subway. Diante desse fato, os consumidores vão embora sem comprar o lanche, caso não exista uma opção de pão de seu gosto, pois essa é a base para a montagem dos lanches do Subway. Esse problema ocorre porque determinadas lojas projetam uma quantidade de pão para um dia típico de vendas, mas, em dias específicos, a demanda é maior do que a capacidade de produção para montagem dos lanches.

Isso acontece com muita frequência quando as lojas lançam algum produto novo. Por exemplo, recentemente, a rede lançou em seu cardápio a opção vegana, com "carne" e "queijo" de origem vegetal. As vendas foram, no início, acima do esperado, e no primeiro dia de venda do novo lanche as lojas ficaram sem abastecimento de parte de seus ingredientes. A capacidade era muito menor do que a demanda por causa da projeção feita sobre as vendas desse item.

Posteriormente, a rede Subway percebeu que a demanda por lanches vegetarianos e veganos tem, em geral, crescido. Por isso, aumentou seu estoque desses itens, elevando, assim, sua capacidade de produção e atendimento da demanda.

Fonte: https://www.consumidormoderno.com.br/2020/03/11/subway-lanche-vegano-surpreender-consumidor/

O segundo cenário advindo de um planejamento ineficiente é a perda de itens perecíveis no estoque.

Imagine o mesmo caso, em que as lojas da rede Subway projetem uma demanda muito maior da venda desse novo lanche no cardápio, mas, no dia a dia, percebam que esta é muito menor, ou seja, não existe tanta procura pelo sanduíche. Como se trata de alimento perecível, caso as vendas não ocorram dentro do prazo de validade desses itens, eles perderiam tais produtos. Nesse sentido, o planejamento é muito importante para que a empresa não perca vendas por não possuir capacidade de atender os consumidores, e também não perca produtos por ter estimado uma demanda maior do que a realidade.

Um dos desafios no processo de gerenciamento da cadeia de fornecimento é o de, portanto, conseguir equilibrar as exigências de entrega confiável e pontual para os consumidores com os custos de estoque e produção. Por isso, a cadeia de fornecimento deve ser modelada como uma rede que captura a relação entre os custos de estoque e equipamento de capital, e as características temporais de serviços ao cliente, ou seja, a capacidade de reação e confiabilidade no fornecimento ao consumidor.

O sucesso desse gerenciamento é obtido, em parte, por meio da formação de parcerias e de cooperação entre os envolvidos na cadeia de fornecimento. Caso uma cadeia não seja devidamente coordenada, resultará no que chamamos de "efeito chicote", que ocorre quando a variabilidade na demanda em cada elo da cadeia de suprimento é amplificada do cliente final para o fornecedor inicial.

Como exemplo de efeito chicote, podemos mencionar uma promoção do varejo em que os estoques se esgotam em tempo recorde. No entanto, o período da promoção ainda está vigente, e a loja necessita entregar produtos aos consumidores. Isso gera um efeito chicote em toda a cadeia de fornecimento, pois aqueles fornecedores precisam providenciar, em um intervalo de tempo muito menor, a produção de novos produtos para abastecer as lojas. Dessa forma, a falta de uma coordenação na cadeia de fornecimento resulta em desestabilização do sistema como um todo, o que causa um estoque exagerado por determinado período e faltas de estoque em outros momentos.

MODELO EM REDE

A cadeia de fornecimento de produtos pode ser vista como uma rede de estágios de processamento de materiais que também agregam valor ao processo de serviços. Os estágios apresentados na figura a seguir (fornecimento, manufatura, distribuição, venda no varejo e reciclagem) são conectados por flechas que descrevem o fluxo de material com os estoques entre cada estágio:

Figura – Cadeia de fornecimento para bens físicos

Fonte: Fitzsimmons e Fitzsimmons (2014, p. 355).

As preocupações com questões de sustentabilidade ambiental, por exemplo, têm movimentado os fabricantes no sentido de perceberem a necessidade de administrar o ciclo de vida do produto. Assim, ao final do ciclo produtivo, existe um crescimento no número de produtos que são destinados para serem reciclados ou reutilizados, e que não sejam simplesmente descartados em aterros.

Para ilustrar esse raciocínio, podemos pensar em produtos como cartuchos vazios de impressoras e latas de alumínio: ambos são reciclados devido ao seu valor inerente. Especialmente na Europa, por exemplo, muitos governos exigem que os automóveis sejam projetados já pensando nas formas de reciclagem dos materiais de seus componentes.

A transferência de informações segue conforme mostram as linhas tracejadas na figura anterior e inclui as atividades dos fornecedores, de *design* de produto e processo, e o atendimento pós-venda. Um benefício muito relevante na coordenação da cadeia de fornecimento é a utilização das informações. Como exemplo disso, há os fabricantes de automóveis que, muitas vezes, descobrem falhas de *design* por causa do serviço de atendimento da equipe do pós-venda. Por isso, informações dos pontos de venda podem ser agregadas no processo de planejamento de produção e fabricação como forma de evitar acúmulo de estoque ou perda de vendas.

GERENCIAMENTO DA INCERTEZA

O gerenciamento de uma cadeia de fornecimento seria uma tarefa direta, exceto pela incerteza advinda de três fontes principais:

1. Desempenho do fornecedor;
2. Confiabilidade no processo produtivo;
3. Demanda dos consumidores.

AS EMPRESAS UTILIZAM O ESTOQUE COMO UMA SEGURANÇA NO CENÁRIO DE IMPREVISIBILIDADE

Para atender aos objetivos de nível de serviços dos consumidores, geralmente, os prestadores de serviço permitem um pouco de material extra ou estoques de segurança, de maneira que exista a possibilidade de realizar as entregas aos consumidores se algo der errado no processo anterior.

Conforme o relacionamento com o fornecedor vai amadurecendo, uma distribuição de pontualidade de desempenho na entrega pode ser estabelecida e usada nas negociações de compra. Quanto maior for a confiança em um fornecedor, menor será a necessidade de estoque de segurança para proteger a operação de linha de frente. Isso significa que, quando o fornecedor se mostra confiável, o prestador de serviços não precisa ter estoques reserva para evitar possíveis falhas de entrega e, consequentemente, perdas nas vendas por falta de produtos relacionados aos serviços.

De todo modo, iniciativas estratégicas podem contribuir para a redução do impacto gerado pela incerteza. Assim, é possível incrementar o serviço prestado aos consumidores. Por exemplo, implementar um controle estatístico do processo, como técnicas de controle de qualidade total, pode aumentar a confiabilidade da produção. Meios de transporte mais confiáveis também podem ser avaliados para evitar atrasos nas entregas.

RELAÇÕES DE FORNECIMENTO DE SERVIÇOS

Vamos abordar, agora, quais são as relações possíveis dentro do processo de fornecimento de serviços.

DUALIDADE CONSUMIDOR-FORNECEDOR

Os serviços podem ser entendidos como agentes que interagem e interferem em diversos aspectos dos consumidores. Por exemplo, serviços podem interferir:

- Nas **mentes** dos consumidores – como aqueles relacionados à educação, ao entretenimento e à religião;
- Nos **corpos** dos consumidores – como aqueles de transporte, de alojamento e de saúde;
- Nos **pertences** dos consumidores – como aqueles de mecânica de carros e de bancos;
- Nas **informações** dos consumidores – como aqueles de contabilidade para declaração do Imposto de Renda, de seguro e de defesa jurídica.

Assim, os serviços agem, de alguma maneira, sobre algo que vem do cliente. O resultado disso é uma dualidade consumidor-fornecedor, em que os consumidores também agem como fornecedores na troca de serviços. Essa dualidade é apresentada na figura a seguir como relações bidirecionais entre a empresa prestadora do serviço, os fornecedores e o consumidor final:

Figura – Relações bidirecionais de fornecimento de serviços

Fonte: Fitzsimmons e Fitzsimmons (2014, p. 358).

Tais relações bidirecionais podem ser de nível único ou de dois níveis, como mostram as tabelas a seguir:

Tabela – Relações de fornecimento de serviços bidirecionais de nível único

Categoria de serviços	Cliente-fornecedor	>Entrada/saída>	Fornecedor do serviço
Mentes	Estudante	>Mente/Conhecimento>	Professor
Corpos	Paciente	>Dente/Obturação>	Dentista
Pertences	Investidor	>Dinheiro/Juros>	Banco
Informações	Cliente	>Documentos/1040>	Tributarista

Fonte: Fitzsimmons e Fitzsimmons (2014, p. 358).

Tabela – Relações de fornecimento de serviços bidirecionais de dois níveis

Categoria de serviços	Cliente-fornecedor	>*Entrada*/saída>	Fornecedor do serviço	>*Entrada*/saída>	Fornecedor do prestador do serviço
Mentes	Paciente	>*Transtornado*/ Tratado>	Terapeuta	>*Prescrição*/ Medicamento>	Farmácia
Corpos	Paciente	>*Sangue*/ Diagnóstico>	Médico	>*Amostra*/ Resultado do teste>	Laboratório
Pertences	Motorista	>*Carro*/ Consertado>	Oficina	>*Motor*/ Reconstrução>	Mecânica
Informações	Comprador de um imóvel	>*Propriedade*/ Financiamento>	Banco financiador	>*Localização*/ Matrícula do imóvel>	Cartório de registro de imóveis

Fonte: Fitzsimmons e Fitzsimmons (2014, p. 358).

Exemplos de cadeias de fornecimento de serviços de nível único, ou seja, quando não há um fornecedor presente, são mostrados na primeira tabela. Nesses casos, a realização do serviço acontece diretamente entre o consumidor e o prestador do serviço, sem a necessidade de fornecedores auxiliares. Por exemplo, um paciente está com dor de dente e vai a um dentista resolver seu problema. Como prestador de serviços, o dentista não precisa de um fornecedor auxiliar para executar ou complementar seu serviço.

A segunda tabela mostra exemplos de cadeias de fornecimento de dois níveis, ou seja, quando existe um fornecedor presente, além do prestador de serviço. Nesses casos, o prestador do serviço exige a assistência de uma terceira parte como fornecedora auxiliar para concluir o serviço. Por exemplo, um paciente que se sente mal procura pelo serviço de um médico. Este profissional precisa solicitar uma coleta de sangue para obter auxílio complementar a seu possível diagnóstico. Por isso, ele envia a amostra de sangue para análise laboratorial. Somente após receber o resultado do exame o médico poderá fazer o diagnóstico com maior precisão.

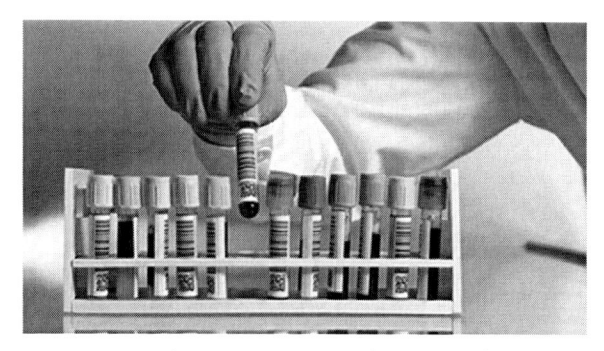

Fonte: https://www.pexels.com/pt-br/

Essa dualidade consumidor-fornecedor e as relações bidirecionais resultantes são centrais para o entendimento da natureza das relações de serviços e para seu gerenciamento com qualidade.

Como observamos na primeira tabela, a cadeia de fornecimento pode ser ampliada e incluir um fornecedor para auxiliar o prestador do serviço. No entanto, as relações de fornecimento de serviços que vão além de dois níveis são raras.

Podemos dizer que a relação de fornecimento de serviços se aproxima mais da representação de um eixo do que de uma cadeia. Isso ocorre porque o prestador do serviço se faz, às vezes, de um tipo de agente para o consumidor ao lidar com fornecedores externos. Nesse sentido, os eixos são preferíveis em detrimento das cadeias, pois, nestes, existem menores riscos para atrasos, e as informações podem ser compartilhadas mais facilmente.

De todo modo, a relação entre um prestador de serviços e seu fornecedor é uma prática comum, pois tanto as eficiências financeiras quanto as de processos são alcançadas. Isso pode ser exemplificado na situação entre médico e paciente. Existem casos em que o paciente recebe o pedido do exame médico e escolhe o laboratório e a data em que o realizará. Geralmente, isso ocorre quando o paciente não está com muita dor.

Agora, imagine a mesma situação para um paciente que procura a emergência de um hospital. Ele tem de procurar um laboratório por conta própria no momento de dor extrema, pois não existe esse eixo entre o hospital e um laboratório.

CAPACIDADE DO SERVIÇO ANÁLOGA AO ESTOQUE

Quando falamos de cadeias de fornecimento de produtos, o estoque é usado para amortecer as variações na demanda e permitir a utilização completa da capacidade produtiva. No caso dos serviços, os subsídios que os consumidores fornecem são ocorrências aleatórias com expectativas de processamento imediato.

Por exemplo, quando vão a um restaurante *fast-food*, os consumidores não desejam esperar mais do que alguns minutos pela execução do serviço. Por isso, como os serviços não podem ser relacionados em uma lista antes de serem executados, uma capacidade excedente deve ser mantida em reserva para atender às expectativas dos consumidores. Alternativamente, como vimos em capítulo anterior, os sistemas de reservas podem ser usados para programar a chegada de clientes de forma compatível com a capacidade.

SUBSÍDIOS FORNECIDOS POR CONSUMIDORES – POSSIBILIDADE DE VARIAÇÃO EM QUALIDADE

Os subsídios fornecidos pelos consumidores podem ser incompletos. Por exemplo, as informações para elaboração do Imposto de Renda podem estar incompletas ou incorretas. Os consumidores também podem estar despreparados, como estudantes que não estão aptos para estudar em um nível avançado de curso. Além disso, eles podem ter expectativas irrealistas sobre os resultados do serviço, como um paciente com câncer em estágio avançado.

Essa falta de coerência na qualidade dos subsídios fornecidos pelo consumidor representa um desafio grande para o prestador do serviço ao comprometer-se com seu trabalho, quando os subsídios são questionáveis. Por isso, estabelecer uma comunicação eficiente é parte fundamental do processo de prestação de serviços. Comunicar-se explicitamente com os consumidores sobre as expectativas criadas com relação ao serviço pode evitar confusões, frustações e insatisfações para ambas as partes. A estocagem de serviços por meio de filas faz parte da inteligência necessárias para que essa empreitada seja bem sucedida, e será tratada no próximo capítulo.

CAPÍTULO 6

ESTOCAGEM DE SERVIÇOS POR MEIO DE FILAS

Estocagem de demanda por meio de filas e outros sistemas de espera

Em geral, serviços não podem ser estocados para utilização posterior, o que é um desafio para sua gestão. Por exemplo, um cabeleireiro não pode deixar um corte de cabelo que não foi feito para o dia seguinte, ou seja, o corte deve ser feito em tempo real. Como vimos em capítulo anterior, existem técnicas para promover o equilíbrio entre demanda e oferta em serviços.

Mas, o que um gestor de serviços pode fazer quando as possibilidades de ajustar a demanda e a capacidade já foram esgotadas, e, ainda assim, o desequilíbrio continua?

Se ele optar por não tomar nenhuma providência e esperar que os consumidores resolvam tudo, certamente vai gerar problemas ao negócio. Por isso, prestadores de serviços que se preocupam com seus clientes tentam desenvolver estratégias para garantir ordem, previsibilidade e um sentimento de justiça na prestação de seus serviços.

Nos serviços em que a demanda costuma exceder a capacidade, os gestores podem tomar providências para estocar essa demanda de duas formas. A primeira é solicitar que os clientes esperem em fila e atendê-los por ordem de chegada, ou, ainda, oferecer sistemas mais avançados de espera. A segunda é oferecer a oportunidade de reservar ou marcar espaço com antecedência. De acordo com Lovelock, Wirtz e Hemzo (2011, p. 300), existem inúmeros benefícios em adotar um sistema de reserva. Veremos alguns desses benefícios a seguir:

Evitar a insatisfação de consumidores decorrente de esperas muito demoradas

Um dos objetivos das reservas é garantir que o serviço estará disponível quando os consumidores quiserem usá-lo. Consumidores que reservam devem poder confiar que não enfrentarão filas ou atrasos, porque lhes foi garantido um serviço em um momento específico.

Fazer com que a demanda seja controlada e tratada de modo mais administrável

Um sistema de reservas bem organizado permite desviar demanda por serviços de uma primeira preferência de horário para outros horários, de uma categoria de serviço para outra (*upgrades* ou *downgrades*), e até de uma primeira preferência de local para outros, o que contribui para maximizar a utilização de capacidade.

Possibilitar a gestão de receita e servir como pré-venda de um serviço a diferentes segmentos de consumidores

Exigir reserva para reparo e manutenção rotineiros capacita os gestores a certificar-se de que haverá tempo livre para serviços emergenciais. Como estes são imprevisíveis, seu valor percebido para o consumidor é maior, e podem ser cobrados preços mais altos, que geram margens mais altas.

Ajudar a preparar projeções operacionais e financeiras para períodos futuros por meio de seus dados

Esses sistemas variam de simples agendamentos de consulta médica, com anotações manuscritas, até uma base de dados central e computadorizada para as operações globais de uma companhia aérea, por exemplo.

O grande desafio de qualquer projeto de um sistema de reservas é torná-lo rápido e conveniente ao consumidor. Atualmente, os consumidores fazem suas próprias reservas por meio de *sites*, aplicativos ou outros tipos de sistemas tecnológicos. De qualquer forma, os consumidores desejam obter respostas rápidas sobre a disponibilidade do serviço em um horário preferido. Eles também ficam satisfeitos quando o sistema lhes dá informações adicionais sobre o tipo de serviço que reservam.

Como exemplo, podemos pensar em um hotel que pode informar no ato da reserva se o quarto escolhido tem uma vista para a piscina ou para uma área arborizada, em detrimento de um quarto com vista para o estacionamento ou para a parede do prédio vizinho. Isso permitirá que o consumidor tenha mais informações sobre sua reserva, evitando frustrações quando se hospedar no hotel.

FILAS DE ESPERA: UM FENÔMENO UNIVERSAL

É estimado que os norte-americanos gastem 37 bilhões de horas anualmente, cerca de quase 150 horas por pessoa, em filas dos mais diversos tipos. Isso acontece no mundo todo, e é certo que ninguém gosta de esperar em imensas filas. Além de ser entediante, ficar em filas é uma perda de tempo precioso e, muitas vezes, desconfortável, principalmente se não houver lugar para se sentar ou estiver ao ar livre.

Fonte: https://www.pexels.com/pt-br/

Esperar em uma fila por um serviço parece ser um fenômeno universal: quase toda empresa prestadora de serviço enfrenta o problema em algum ponto de sua operação.

Vejamos alguns exemplos:

- As pessoas esperam ao telefone, enquanto ouvem frases como "sua ligação é muito importante para nós" ou "aguarde, pois já iremos atendê-lo";

- Consumidores fazem filas com seus carrinhos e cestas de compras nos caixas dos supermercados;

- Consumidores precisam esperar a conta após uma refeição no restaurante;

- Indivíduos aguardam dentro de seus carros para entrar no lava-rápido ou para pagar pedágios (mesmo em sistemas como o Sem Parar há relatos de filas decorrentes de bloqueio ocasionado por algum veículo com problemas no sistema).

As filas de espera consideradas muito desagradáveis são as de consultórios médicos, órgãos que emitem registros de automóveis e carteiras de motoristas, supermercados e aeroportos. Essas esperas são ainda piores em caixas de lojas que contam com funcionários lentos ou ineficientes, clientes que mudam de ideia sobre um item registrado, ou quando alguém deixa a fila para buscar um item esquecido.

E não são apenas pessoas que ficam na fila de espera. Por exemplo, os *e-mails* de consumidores ficam nas caixas de entrada do funcionário de atendimento, aparelhos eletrônicos esperam para serem consertados, e depósitos aguardam pela compensação em um banco. Nesses casos, existe um consumidor esperando pelo resultado daquele serviço: a resposta a um *e-mail*, um aparelho que esteja funcionando ou um crédito em sua conta.

GERENCIANDO FILAS DE ESPERA

Para gerenciar as filas de espera, aumentar capacidade com mais espaço ou mais funcionários nem sempre é a solução ideal, uma vez que a satisfação do consumidor também precisa ser equilibrada com os custos.

Gestores de serviços devem considerar algumas alternativas, como:

1. Rever o projeto do sistema de filas;
2. Instalar um sistema de reserva;
3. Customizar o sistema de espera em diferentes segmentos de mercado;
4. Gerenciar o comportamento de clientes e a percepção que eles têm da espera;
5. Redesenhar processos para reduzir o tempo de cada transação.

CONFIGURAÇÕES DE FILA

Vamos ver, por meio da figura a seguir, que existem vários tipos de fila, e o desafio dos gestores é escolher o procedimento mais adequado:

Figura – Configurações de filas alternativas

Fonte: Fitzsimmons e Fitzsimmons (2014, p. 294).

Provavelmente, você já esteve em algum tipo de fila destas.

As **filas únicas/atendente único/estágio único** possuem um único sistema de atendimento para todos os tipos de clientes. Nesse tipo de fila existem problemas de fluxo, pois se um cliente tiver problema ao passar seu produto, por exemplo, a fila ficará parada até que seu caso seja resolvido. Além disso, clientes com demandas mais simples, como a compra de um único item, podem ficar insatisfeitos com a demora no atendimento. Esse tipo de fila é utilizado geralmente em pequenos comércios, como lojas e supermercados.

As **filas únicas/estágios sequenciais** são aquelas que avançam passando por diversas operações de serviço, como em um sistema de *buffet*. É possível que ocorram gargalos em qualquer estágio onde a execução do processo demora mais do que nos anteriores. Existem filas em que o atendente demora mais tempo para calcular quanto o consumidor consumiu e dar seu troco do que os atendentes levam para servi-lo.

As **filas paralelas para vários atendentes** oferecem mais de uma estação de atendimento, permitindo que os clientes escolham a menor fila, como em supermercados e bilheterias. Em restaurantes de *fast-food*, geralmente, também existem diversas filas de atendimento em horários movimentados. A desvantagem desse tipo de fila é que, normalmente, não anda com a mesma velocidade. Você já deve ter escolhido uma fila que parecia menor e, depois, percebeu que as outras andavam mais rápido, porque alguém a sua frente executava uma transação mais demorada ou complexa.

Filas designadas determinam filas diferentes para categorias específicas de consumidor. Como exemplos, podemos citar filas para caixas rápidos de supermercado para até 15 itens, filas em cartórios por tipo de serviço ou postos de *check-in* diferentes para primeira classe, classe executiva e classe econômica para passageiros no aeroporto.

Fila única para vários atendentes é aquela conhecida como fila "serpente". É um tipo de fila que resolve o problema das filas paralelas para vários atendentes e que se move em velocidades diferentes. Costuma ser utilizada em agências de correio e balcões de *check-in* em aeroportos.

Um sistema muito utilizado é o de **senhas**, para evitar que os clientes tenham de ficar em pé, uma vez que sabem que serão chamados em sequência. Esse sistema permite que, se houver poltronas disponíveis, as pessoas se sentem e descansem, ou estimem o tempo de espera e façam algo nesse meio tempo. Podemos pensar em exemplos como as grandes agências de viagens, os serviços públicos e os ambulatórios de hospitais.

Existe, também, a **lista de espera**, muito comum em restaurantes. Há quatro formas de lista de espera mais utilizadas:

1. **Acomodação por tamanho do grupo** – em que o número de pessoas é equiparado ao tamanho da mesa disponível;

2. **Acomodação VIP** – que envolve a concessão de direitos especiais a clientes preferenciais;

3. **Acomodação por telefonema prévio** – que permite às pessoas telefonarem antes da chegada para reservar um lugar na lista de espera;

4. **Reserva de grandes grupos** – se os clientes estiverem cientes dos critérios adotadas para a lista de espera, é mais provável que os considerem justos. Por isso, é importante que o atendente informe esse critério no ato da reserva.

> **Atenção**
>
> A percepção de justiça é um fator importante quando se trata de filas e lista de espera. Assim, deve ser analisada considerando o ponto de vista do cliente, sempre que possível.

ESPERAS VIRTUAIS

A espera virtual torna-se frustrante, uma vez o consumidor não consegue visualizar sua posição na fila. Por exemplo, quando espera para ser atendido ao telefone, o consumidor reluta em desligar, na esperança de que a chamada seja atendida. No entanto, também se sente frustrado por não fazer uso produtivo desse tempo de espera. Algumas empresas prestadoras de serviço ao cliente adotaram o método de informação periódica sobre a posição do cliente na fila, como é o caso do banco Itaú.

Como um dos principais problemas relacionados com a espera em uma fila é o desperdício de tempo para os consumidores, a estratégia de "fila virtual" é uma forma inovadora que empresas prestadoras de serviço encontraram para eliminar a espera física do processo de espera por um serviço. Nesse esquema, em vez de esperar em longas filas, os consumidores registram seu lugar em um computador ou celular, que estima o tempo que eles levarão para chegar à frente da fila virtual e devem retornar para tomar seu lugar.

Quem utiliza essa estratégia é a *Disney World* por meio do sistema *Fast Pass*, que, inicialmente, foi introduzido nas cinco atrações mais populares dos parques e, depois, estendido a todos os parques *Disney* no mundo. Esse sistema é utilizado por mais de 50 milhões de visitantes anualmente.

Fonte: https://www.bol.uol.com.br/entretenimento/2014/06/13/pulseira-da-disney-funciona-como-ingresso-cartao-e-chave-do-quarto.htm

Cinco minutos na fila duram mais do que cinco minutos de trabalho duro

Material extraído da seguinte fonte: LOVELOCK, C.; WIRTZ, J.; HEMZO, M. A. Marketing de serviços: pessoas, tecnologia e estratégia. São Paulo: Pearson, 2011. p. 347.

O tempo passa devagar quando você está em uma fila – esta é uma lei. Os parques temáticos da *Disney* estão fugindo dessa lei sempre que podem e a desafiando quando não conseguem escapar dela.

A *Disney* instituiu o *Fast Pass*: um sistema computadorizado de bilhetes que permite aos clientes fazerem determinados passeios com pouca ou nenhuma espera em filas.

Fonte: https://www.flickr.com/photos/kathika/2599395028

Para adquirir um *Fast Pass*, o cliente insere um bilhete de admissão comum em uma catraca, e um computador interno imprime um bilhete para um período determinado de uma hora. Quando o cliente chega ao brinquedo durante o período determinado, pode entrar direto, normalmente sem espera alguma.

Outra maneira pela qual a *Disney* tenta minimizar o problema da espera em filas é permitir que os hóspedes dos hotéis da *Walt Disney Resort* entrem em qualquer parque da *Disney* 90 minutos antes dos visitantes diários regulares.

Os hóspedes dos hotéis com bilhetes para vários dias têm direito à entrada após o horário regular, e entretenimentos, como grupos musicais, são colocados próximos a algumas atrações para aliviar o tempo de espera. Quadros de avisos em cada parque exibem os tempos de espera de todas as atrações, de maneira que os visitantes possam planejar suas visitas.

Muitas companhias aéreas, agora, oferecem, em alguns aeroportos, quiosques que permitem que os passageiros façam seu *check-in* sem precisar esperar nas filas costumeiras. Existe, ainda, uma informação de que serão emitidas identificações computadorizadas para passageiros pré-checados, as quais permitirão a passagem ao lado das filas normais para controle de segurança nos portões de embarque de passageiros.

MODELANDO SISTEMAS DE FILAS CONFORME SEGMENTOS DE MERCADO

Geralmente, os sistemas de filas adotam a seguinte regra: "O primeiro a chegar será o primeiro a ser atendido". Mas nem todos os sistemas de filas são organizados assim. Algumas segmentações de mercado podem ser utilizadas para elaborar estratégias de fila. Vejamos:

URGÊNCIA DO SERVIÇO

Muito utilizada em unidades de emergência de hospitais. Geralmente, uma enfermeira é designada para receber os pacientes, fazer triagem, bem como decidir quais exigem tratamento prioritário e quais podem ser registrados e esperar sua vez juntamente com os demais.

DURAÇÃO DA TRANSAÇÃO DE SERVIÇO

Serviços como bancos, supermercados e de varejo costumam instituir filas expressas para atividades mais curtas e menos complicadas. Isso torna o serviço mais rápido para aqueles consumidores que estão ali por um curto período de tempo.

PAGAMENTO DE UM PREÇO MAIS ALTO

Muito comum em empresas aéreas, o pagamento de um valor à parte oferece a opção de filas separadas de *check-in* para passageiros da primeira classe quando comparados aos da classe econômica, que possuem uma quantidade maior de pessoas para atender. Nestes casos, a fila da primeira classe tem redução do tempo de espera para os que pagaram mais por sua passagem.

IMPORTÂNCIA DO CLIENTE

Uma área especial na empresa pode ser reservada para participantes de programas de fidelidade, como o programa Múltiplos da empresa aérea LATAM. Nesse programa de fidelidade, os clientes possuem acesso a salas privativas, com jornais, lanches e bebidas, e esses passageiros podem esperar o voo com maior conforto.

Devemos ter em mente que em todos esses casos, os consumidores estão enfrentando filas! Entretanto, de acordo com a segmentação, o tempo de espera é reduzido conforme os critérios analisados e determinados pelo prestador de serviços. De todo modo, é importante que esse prestador não direcione menor tempo em filas apenas para consumidores dispostos a pagar mais pelos serviços. É necessário analisar critérios justos que equilibrem lucratividade para o negócio e satisfação do maior número possível de consumidores.

PARTE III
GESTÃO DA QUALIDADE EM SERVIÇOS

CAPÍTULO 7

GESTÃO DA QUALIDADE NAS OPERAÇÕES DE SERVIÇOS

O sorriso de um atendente já não é mais suficiente para que o consumidor fique satisfeito com um serviço prestado. Além do sorriso, o prestador do serviço deve transmitir confiança de que está apto para realizar aquela atividade, proporcionar um ambiente bonito e agradável para receber este consumidor, ter comunicação clara e cortês e agir com rapidez e prestatividade para sanar todas as dúvidas e as principais necessidades dos consumidores, entre outros elementos de qualidade.

Controlar todos esses elementos requer atenção, profissionalismo e envolve o uso de técnicas por parte dos gestores e dos funcionários das empresas de serviço. Isso tudo diante das combinações de características do serviço como a intangibilidade, a variabilidade entre um serviço e outro, a simultaneidade entre o momento em que o serviço acontece e seu consumo. Trata-se de uma missão de difícil previsão e controle.

Sabemos que os consumidores de serviços criam expectativas em relação ao serviço que vão consumir, uma vez que eles não conseguem prever como será o resultado final desse serviço. Por exemplo, quando você pede uma pizza por *delivery*, você só saberá como estará o sabor e a temperatura da pizza quando ela for entregue pelo entregador. Corresponder a estas expectativas aumenta ainda mais o desafio pela qualidade em serviços.

O QUE É QUALIDADE EM SERVIÇOS?

A natureza intangível, simultânea, perecível e heterogênea dos serviços exige que ele tenha uma abordagem diferenciada para definir e medir a sua qualidade. Os serviços exigem uma abordagem diferente de qualidade em relação a um bem de consumo ou produto. Como os clientes costumam ser envolvidos no processo de produção do serviço, como no caso de uma consulta médica ou de um corte de cabelo, uma distinção precisa ser traçada entre o processo de entrega e o efetivo resultado ou produto do serviço.

A qualidade percebida pelo consumidor do serviço é resultado de um processo no qual este compara suas percepções da entrega do serviço com o resultado esperado. Trata-se da clássica análise de expectativa x realidade que fazemos em diversas situações de nosso cotidiano. Assim, define-se qualidade de serviço, do ponto de vista do consumidor, como aquilo que atende ou supera suas expectativas.

As atividades de linha de frente e de retaguarda

Geralmente encontramos duas áreas-chave nas empresas prestadoras de serviços: a linha de retaguarda ou apoio (*back office*) e a linha de frente (*front office*). Por exemplo, ao entrar em um restaurante, seja estilo *self service* ou *à la carte*, você vai se deparar com um ou mais funcionários, como garçons, atendente do caixa, e guardador de carro no serviço de *valet*. Estes funcionários fazem parte da linha de frente do negócio, cujo papel é atender ao cliente, dar-lhe as boas-vindas, anotar seu pedido, processar o pagamento pelo serviço prestado, entre outras atividades relacionadas a prestação do serviço.

Figura – O sistema de operações de serviço.

Fonte: Gianesi e Corrêa (1996, p. 42).

Após realizar seu pedido no restaurante *à la carte*, por exemplo, este é encaminhado para a cozinha. Lá os cozinheiros e chefs vão preparar o seu prato. Se o restaurante for estilo *self service*, esses profissionais preparam antecipadamente os alimentos para compor o *buffet*. Esses funcionários que trabalham dentro da cozinha fazem parte da linha de retaguarda ou apoio do serviço.

Se pensarmos em uma oficina de carros, o primeiro contato do cliente é com o atendente que trabalha na linha de frente do negócio e que vai anotar seu pedido de conserto. Após o cliente ser atendido, os mecânicos que ficam na linha de retaguarda efetuam os consertos no carro. Existem casos em que o funcionário de linha de retaguarda ou apoio também interage com o cliente, como, por exemplo, quando em um hotel, a camareira recebe instruções do hóspede para lavagem e secagem de suas roupas, ou ainda, quando o cozinheiro caminha até a mesa do cliente para explicar os ingredientes de seu prato.

As atividades da linha de frente (*front office*) possuem duas características essenciais. A primeira delas está relacionada ao alto grau de interação e contato com os clientes, como, por exemplo, a recepcionista de um hotel. A segunda tem a ver com as atividades que são executadas com o foco no cliente, como, por exemplo, um cabeleireiro que corta o cabelo de acordo com o que foi solicitado pelo cliente.

Desta forma, essas atividades têm um grau de visibilidade para o cliente muito maior do que as atividades dos funcionários de retaguarda. Note que a maioria das reclamações e elogios feitos pelos clientes provêm das atividades em que eles tiveram contato direto com o prestador de serviço, como a insatisfação com uma atendente de uma rede de *fast-food*, por exemplo.

Sobre as atividades de retaguarda ou de apoio (*back office*), devemos ter em mente que estas possuem baixo grau de contato com o cliente, como no caso de um funcionário da limpeza de um escritório. Estes funcionários são quase que invisíveis no processo do serviço. O foco destas atividades está na execução do serviço, como no caso de um cozinheiro que tem o foco no preparo da comida. Esta suposta "invisibilidade" não torna, de forma alguma, seu trabalho menos relevante para o negócio. No caso dos restaurantes, sabemos que é impossível ter sucesso sem uma boa comida preparada por uma equipe de cozinha competente, não é mesmo?

De todo modo, existem situações em que a demora no atendimento é ocasionada por problemas ocorridos com as atividades de retaguarda, como o atraso do preparo de um prato no restaurante. O cliente vai reclamar com o garçom, um funcionário da linha de frente, mas o atraso foi ocasionado por algum funcionário da cozinha, que fica na linha de retaguarda. No entanto, nesses casos em que o cliente reclama ou elogia um serviço, será o funcionário da linha de frente que ouve ou recebe essas críticas e sugestões. Por isso, em uma empresa prestadora de serviços, as atividades da linha de frente são fundamentais para gerar satisfação e fidelizar os clientes.

Nesse contexto, tanto os funcionários da linha de frente quanto os da retaguarda, devem estar atentos e empenhados em entregar o melhor serviço para seus clientes. Por isso, compreender os elementos que compõem a satisfação do cliente com o serviço prestado, é fundamental para a gestão da qualidade destas atividades.

DIMENSÕES DA QUALIDADE EM SERVIÇOS

Existem dimensões que são utilizadas como critérios pelos consumidores para avaliar a qualidade de um serviço. São estas:

TANGIBILIDADE OU ASPECTOS VISÍVEIS

Está relacionada com os elementos tangíveis envolvidos no processo da prestação do serviço. Por exemplo, imagine que você vai conhecer um restaurante novo que inaugurou em um bairro nobre da cidade. Ao chegar no local, você observará os elementos da decoração, como são as mesas e cadeiras, como é o uniforme dos garçons, qual é o estilo dos pratos, copos e talheres dispostos nas mesas, entre outros itens tangíveis que farão parte daquele momento em que você vai consumir o serviço.

Fonte: https://www.pexels.com/pt-br/

O mesmo pode ser analisado em um consultório médico. Ao chegar na recepção de um escritório você vai observar como é a disposição dos móveis, o conforto do sofá de espera, o tamanho da televisão, o uniforme da recepcionista, as opções de datas das revistas e jornais disponíveis para leitura e entretenimento, entre outros elementos que vão contribuir para seu conforto e bem-estar durante o tempo em que você aguarda ser atendido pelo médico.

Todos esses elementos impactarão em sua percepção e avaliação sobre o serviço como um todo. Mesmo que a comida seja muito saborosa e o garçom seja atencioso e cordial, você pode ter a percepção de que o serviço não foi como esperado se o pé da mesa estiver torto e ela ficar balançando enquanto você corta os alimentos, ou ainda, se os talheres estiverem sujos. Se no consultório o médico lhe atender muito bem e pedir exames para diagnosticar seu possível problema de saúde, se a recepção do consultório for um lugar desconfortável, com um sofá muito rígido e uma televisão com sinal ruim, sua percepção geral de qualidade sobre aquele consultório será prejudicada por causa desses itens de tangibilidade.

CONFIABILIDADE

É a prestação de um serviço de forma confiável para o cliente. Por exemplo, se você comprar um eletroeletrônico para sua casa e a loja informar um prazo de entrega de 3 dias úteis, e esse item chegar apenas após 5 dias úteis, sua confiança de que na próxima compra o prazo será mantido está abalada. Nesse sentido, o prestador de serviço precisa respeitar esse prazo de entrega combinado para que o serviço seja considerado confiável, com um desempenho preciso, digno de confiança.

Imagine que estejamos falando de uma compra de itens para cuidados com a saúde de um paciente, como medicamentos. Caso a entrega atrase e aquele paciente fique sem os medicamentos, isso pode lhe custar sua saúde, ou até mesmo, sua vida. Por isso, em serviços o respeito ao que foi negociado com o cliente é de extrema importância.

Fonte: https://www.pexels.com/pt-br/

Além disso, a confiabilidade em serviços não está relacionada apenas aos prazos de entrega. Por exemplo, imagine a seguinte situação: você contrata o serviço de telefonia da Tim chamado "Tim meu controle". Nesse tipo de serviço o cliente paga mensalmente um valor fixo por um pacote de chamadas, internet, entre outros itens inclusos nesse pacote. Com base nessa confiança de que o valor é fixo por mês, você inclui essa despesa no débito automático de sua conta bancária. Porém, neste exemplo hipotético, um dia, ao checar seu extrato bancário, você percebe que aquele débito foi 30% superior ao negociado. Você precisa, então, checar sua conta telefônica para identificar o que aconteceu e percebe que a Tim lançou em sua fatura um serviço indevido. Isso faz com que você precise abrir um protocolo e solicitar que eles estornem esse valor em sua próxima fatura. Conseguiu visualizar esse transtorno?

Esse simples incidente abalará sua confiança de que a operadora manterá o combinado nos próximos meses, fazendo com que você tenha que verificar sua fatura e extrato bancário todas as vezes para garantir que ela esteja cumprindo sua parte nessa relação de serviço. Desta forma, a confiabilidade é a confiança que o consumidor tem de que o serviço será prestado da forma com que foi combinado no ato da contratação.

RESPONSIVIDADE

Está relacionada com a rapidez e prestatividade do prestador de serviços para sanar todas as dúvidas e principais necessidades do cliente no momento em que for solicitado. Imagine que você está assando um bolo no forno de sua casa, quando, de repente, o forno de seu fogão se apaga. Você vai checar e percebe que acabou o gás. Você utiliza o aplicativo do celular e solicita a entrega do gás em sua residência. Em menos de 10 minutos o entregador chega, instala o gás e você pode continuar assando o seu bolo.

Isso é responsividade, pois o prestador de serviço agiu com rapidez para solucionar o seu problema. Agora imagine outra situação. Você liga sua televisão para assistir a um filme que estreou na Netflix e não consegue conectar a internet. Você liga para a Vivo, que é sua operadora de internet em casa, e após encontrar a sua opção desejada dentre dezenas de opções, fica ainda mais 25 minutos esperando para ser atendido. Após essa longa espera, a atendente informa que o problema é na central da empresa e que a conexão será restabelecida apenas em 72 horas, ou seja, você vai ficar todo esse período sem sinal de internet na sua casa. Nesse caso hipotético, não houve responsividade no serviço prestado, gerando insatisfação com o serviço da operadora.

SEGURANÇA

Relaciona-se com quanto um prestador de serviço consegue transmitir segurança ao cliente na prestação de determinado serviço. Por exemplo, existem diversas empresas que prestam serviço de depilação a laser, como a Espaço Laser e a Não + pelo. Mas, por se tratar de um serviço pouco connhecido pela maioria das pessoas, existe o medo de que esse serviço seja perigoso para a integridade física do consumidor. Por isso, as empresas que prestam esse serviço precisam passar segurança para os consumidores de que elas podem consumir aquele serviço sem riscos para sua saúde.

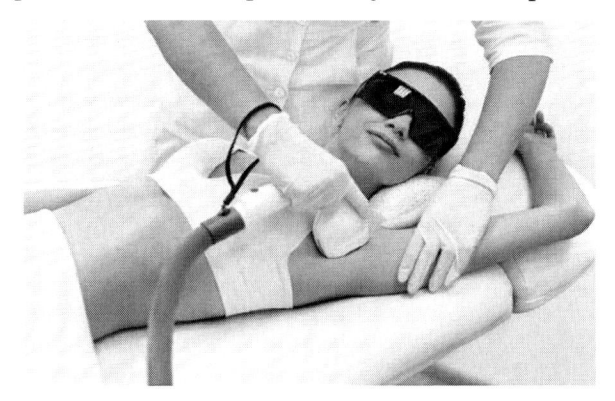

Fonte: https://br.freepik.com/

A Espaço Laser, por exemplo, oferece um pacote de três sessões gratuitas nas axilas como demonstração do serviço para novos clientes. Esse pacote é adquirido apenas por indicação de amigos, ou seja, um cliente que já conhece os serviços e atesta a segurança, convida um amigo para que também possa utilizá-lo. Assim, a Espaço Laser consegue minimizar os efeitos de insegurança nesses novos clientes.

CREDIBILIDADE

É um elemento similar ao da segurança, mas com algumas diferenças. Enquanto a segurança está relacionada com a confiança de que o serviço não trará riscos ao consumidor, a credibilidade está relacionada com o convencimento de que o prestador de serviço fará aquilo que lhe foi prometido. Um exemplo disso está nas compras de alimentos realizadas por aplicativos da internet. Geralmente, os usuários compram de estabelecimentos que já conhecem presencialmente ou que possuem boas avaliações por outros consumidores.

Fonte: https://www.pexels.com/pt-br/

Esse contexto aumenta a confiança de que aquele alimento será o esperado no momento da compra. Além disso, a credibilidade também pode ser importante para serviços que envolvem riscos ao consumidor, como, por exemplo, os riscos físicos de uma cirurgia ou uma viagem de avião, e também os riscos financeiros, como o pagamento antecipado pelos serviços de um advogado.

COMPETÊNCIA

Está relacionada com a competência demonstrada e comprovada pelo prestador de serviços, mostrando ser conhecedor do serviço prestado. Por exemplo, diplomas expostos na parede de um consultório médico podem aumentar a sua confiança de que aquele médico tem competência técnica para prestar aquele tipo de serviço. O portfólio de cortes de um cabeleireiro traz maior garantia de que ele sabe o que está fazendo e de que não irá estragar os cabelos dos clientes.

Fonte: https://www.pexels.com/pt-br/

Dificilmente um consumidor consumirá um serviço de um estabelecimento que não demonstre o mínimo de competência para prestar aquele serviço. Você não levará seu carro em uma oficina que não possua mecânicos capacitados para mexer no seu carro e realizar o conserto esperado.

CORTESIA

É a gentileza e a paciência que o prestador de serviço demonstra ao cliente, procurando entender suas necessidades. Por exemplo, o quanto um profissional da enfermagem é atencioso e trata bem seus pacientes, mesmo quando estes estão com dor ou nervosos com preocupações com sua saúde.

Fonte: www.apice.med.br

Outro ponto de cortesia está relacionado ao cuidado que o prestador de serviço tem com os itens tangíveis do serviço, como, por exemplo, como a pizza é recebida após a entrega pelo entregador. O cuidado no armazenamento adequado para manter o aquecimento e, no transporte, para que os ingredientes não se misturem, é um elemento de cortesia por parte do prestador de serviço. Além disso, existem estabelecimentos que enviam pequenos brindes como biscoitos e chocolates como agradecimento pela compra. Tais gentilezas podem fazer a diferença no momento de fidelizar clientes!

EMPATIA

Está relacionada com o entendimento das necessidades do cliente. Com a atitude de colocar-se no lugar do cliente e de procurar entender o que ele realmente precisa para o atendimento de suas necessidades. Profissionais da área da saúde, por exemplo, precisam ter um alto grau de empatia para com seus clientes, pois muitas vezes não é possível identificar e mensurar a dor do paciente. Desta forma, ao ser empático, esse profissional consegue "posicionar-se" no lugar do cliente e pensar: como eu gostaria de ser tratado se estivesse sentindo dor?

A empatia também está relacionada com o esforço para compreender o que o cliente necessita. Por exemplo, um cliente intolerante a lactose ou ao glúten precisa da ajuda do garçom para identificar quais itens do cardápio podem ser consumidos sem colocar em risco sua saúde. O garçom empático vai auxiliar esse cliente com atenção e se colocando no seu lugar, avaliando as opções, questionando os cozinheiros sobre os ingredientes que não souber, e assim por diante. Um garçom que não possui empatia não dará a devida atenção, podendo ocasionar sérios problemas para saúde do cliente.

BOA COMUNICAÇÃO

A última dimensão utilizada como critério para avaliar a qualidade de um serviço é a utilização de uma linguagem clara e acessível, simplificando a prestação do serviço. Trata-se de ouvir os clientes e de mantê-los informados em uma linguagem que eles possam compreender. Imagine um médico explicando o resultado do seu exame utilizando apenas palavras técnicas que você não consegue compreender, ou um advogado explicando o resultado do seu caso com termos que você não entende. Estes são exemplos de barreiras clássicas de comunicação.

Uma boa comunicação precisa ser uma via de mão dupla, por isso, o prestador de serviço precisa estar disposto a ouvir o cliente, quando este tem uma dúvida ou uma reclamação a fazer. Muitos estabelecimentos adotaram o sistema de avaliação após a compra ou permanência na loja, como é o caso das lojas Renner.

Fonte: https://www.pexels.com/pt-br/

Ao sair da loja o consumidor avalia como foi sua experiência e isso faz com que o cliente possa manifestar sua satisfação ou não com o serviço prestado, gerando, assim, um bom canal de comunicação entre o prestador de serviço e o consumidor. Além disso, manter o cliente informado sobre possíveis mudanças de agenda ou atrasos faz parte de uma boa comunicação. Por exemplo, um professor particular de inglês telefona ou envia uma mensagem avisando que atrasará por 10 minutos e compensa esse atraso estendendo esse tempo na aula seguinte.

CAPÍTULO 8

QUALIDADE E PRODUTIVIDADE EM SERVIÇOS

EXPECTATIVAS DO SERVIÇO

As expectativas dos consumidores surgem durante o processo de busca e tomada de decisão. Se o consumidor não tem uma experiência prévia que seja relevante sobre determinado serviço, ele tentará basear suas expectativas de pré-compra em comentários feitos por outros consumidores, notícias da internet, ou nas próprias ações de marketing da empresa.

Além disso, as expectativas dos consumidores podem ser circunstanciais. Por exemplo, em épocas de alta demanda, como natal e dia das mães, as expectativas de entrega de serviço serão mais baixas do que em outros períodos, pois os consumidores estão cientes que nesses períodos muitas pessoas estão procurando por aqueles serviços.

Ao optar por consumir um determinado serviço, os consumidores criam expectativas sobre como aquele serviço vai acontecer. Imagine, por exemplo, que você assiste à propaganda falando sobre o lançamento do novo lanche da rede de *fast-food* McDonalds e decide ir até à loja mais próxima experimentar esse lanche. Você criou altas expectativas sobre esse lanche por causa das imagens veiculadas sobre ele. No entanto, após receber o seu tão aguardado pedido, você percebe que ele não é exatamente igual ao que foi anunciado.

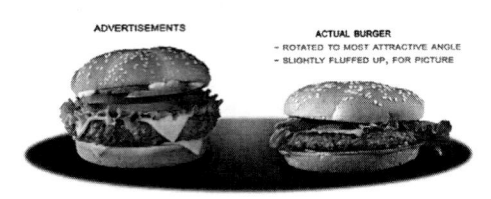

Fonte: https://youtu.be/AttisI0nKos

Agora você pode estar se perguntando, mas quais são os componentes das expectativas dos clientes? A resposta é que essas expectativas são formadas com base em um conjunto de diversos elementos, tais como: o serviço desejado, o serviço adequado, o serviço previsto e a zona de tolerância que fica entre os níveis de serviço desejado e adequado. O modelo apresentado na figura seguinte mostra os fatores que influenciam os diferentes níveis de expectativas de clientes:

Figura – Fatores que influenciam as expectativas de serviço dos clientes

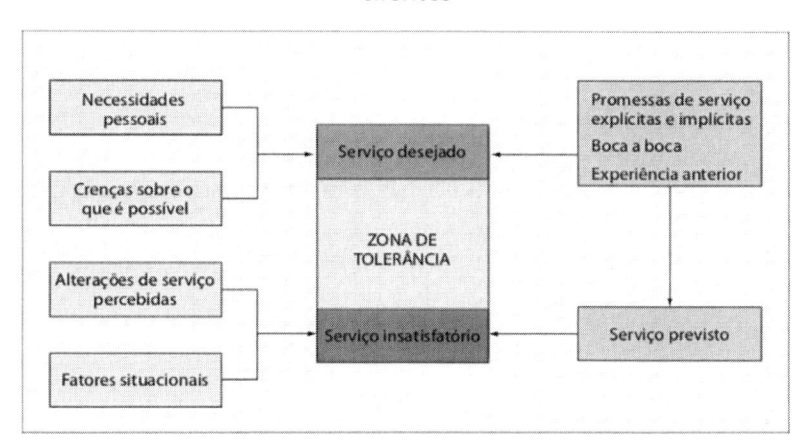

Fonte: Lovelock, Wirtz e Hemzo (2011, p. 57).

SERVIÇO DESEJADO

É o tipo de serviço que os consumidores esperam receber. É como um nível ideal do serviço, uma combinação do que os clientes acreditam que pode e deve ser entregue para atender suas necessidades pessoais. O serviço desejado também receberá influências das promessas explícitas e implícitas feitas pelos prestadores de serviços, os comentários de outros consumidores e experiências anteriores.

Por isso, o serviço desejado será o serviço que o cliente acredita que pode receber, se tudo ocorrer de forma adequada. Por exemplo, sua amiga vai colorir o cabelo em um novo salão de beleza no bairro. Após excelentes elogios da sua amiga, você decide colorir seu cabelo também naquele salão, e espera que o resultado final do seu cabelo seja o mesmo obtido pela sua amiga.

SERVIÇO ADEQUADO

Uma boa parte dos consumidores é realista e entende que nem sempre as empresas podem entregar o nível máximo desejado de serviço. Por isso, eles possuem um nível mínimo de expectativas em relação ao serviço, denominado serviço adequado. É o nível mínimo de serviço que o consumidor aceitará sem ficar insatisfeito com o resultado final. Por exemplo, é você saber que a pizza entregue em casa não estará com o mesmo sabor e qualidade da pizza consumida diretamente na pizzaria, devido ao deslocamento da pizza até sua casa.

SERVIÇO PREVISTO

É o nível de serviço que os consumidores esperam receber e que também pode ser afetado pelas promessas feitas por prestadores de serviço, comentários de outros consumidores e experiências anteriores. O nível de serviço previsto afeta o modo como os consumidores definem o serviço adequado. Se o consumidor prevê o recebimento de um bom serviço, o nível adequado será mais alto do que quando se prevê um serviço inferior. Por exemplo, quanto mais caro você pagar pela reserva de um hotel desconhecido feita pela internet, maior será o nível previsto em relação ao serviço adequado.

ZONA DE TOLERÂNCIA

Boa parte dos consumidores de serviços possui consciência de que pode ser difícil para as empresas realizarem uma entrega consistente de serviço com frequência. O quanto o consumidor está disposto a aceitar de variação entre o serviço adequado e o serviço desejado é denominada zona de tolerância. Caso o desempenho fique abaixo do nível de serviço adequado, esse consumidor ficará frustado e insatisfeito.

Uma maneira de compreender a zona de tolerância dos consumidores é imaginar uma faixa em que os consumidores não dão atenção explícita ao desempenho do serviço, exceto quando ele ficar fora dessa faixa, então a reação do consumidor será positiva ou negativa. Por exemplo, no serviço de Táxi, os consumidores, em geral, não darão atenção ao modo como o motorista dirige até que ele comece a dirigir muito acima ou muito abaixo da velocidade, ou ainda, se começarem a desviar muito da rota esperada.

MODELO DE GAPS (*GAPS MODEL*) NO PROJETO E NA ENTREGA DO SERVIÇO

A diferença entre o que os clientes esperavam e o que perceberam ter sido entregue é chamada de *gap* (termo em inglês que significa distanciamento, afastamento, separação, lacuna ou vácuo) e pode ocorrer em vários pontos na elaboração e na entrega de um serviço. Em exemplo hipotético, quando o lanche foi preparado pelo funcionário da linha de retaguarda do serviço da rede McDonalds, uma série de fatores fizeram com que esse lanche não estivesse em conformidade com aquilo que foi anunciado.

Desta forma, o *gap* ocorre sempre que há uma diferença entre a expectativa do cliente e aquilo que a empresa entrega. Vamos tratar de seis tipos de *gap*, que podem ocorrer em vários pontos, desde o desenvolvimento até a entrega de um serviço.

- *Gap 1 – o gap do conhecimento*: é o *gap* da diferença entre o que os prestadores de serviços acham que os clientes esperam e as reais necessidades e expectativas dos clientes. Por exemplo, o atendente entende que você quer realizar o pagamento das suas compras no cartão de débito quando, na verdade, você gostaria de pagar no crédito. E você só percebe isso depois de acessar seu extrato bancário.

- *Gap 2 – o gap da política*: é o *gap* da diferença entre as percepções que o gestor do negócio tem acerca das expectativas dos clientes e os padrões de qualidade estabelecidos para a entrega do serviço. Este *gap* recebe este nome porque o gestor do negócio opta por uma decisão política de não entregar o que ele pensa que os clientes esperam. As justificativas para essa atitude costumam incluir considerações de custo e viabilidade. Ocorre quando, por exemplo, o gestor de uma pizzaria espera que cinco pedidos sejam feitos para liberar que o entregador saia para as entregas, mesmo em um dia de pouco movimento.

* ***Gap* 3 – o *gap* da entrega**: é o *gap* da diferença entre os padrões de entrega que foram especificados para o cliente e o que realmente foi desempenhado pelo prestador do serviço. Por exemplo, quando você faz a reserva em um hotel pela internet e verifica as fotos e itens que estão inclusos no quarto reservado. No entanto, ao chegar no hotel você percebe que as instalações são inferiores em comparação com as mesmas informadas no *site* no ato da reserva.

Figura – Modelos de *Gaps*

Fonte: Lovelock, Wirtz e Hemzo (2011, p. 454).

- *Gap* 4 – o *gap* **das comunicações:** está relacionado com a diferença entre o que a empresa comunica ao consumidor e o que de fato ela entrega. Esse *gap* é causado por outros dois *gaps* secundários. (i) **o *gap* de comunicação interna**, que é a diferença entre o que é divulgado e o que os funcionários de vendas entendem como as características do produto, o desempenho e o nível de qualidade de serviço e o que a empresa pode entregar de verdade; (ii) **o *gap* da promessa exagerada**, que pode ser causada pelo pessoal de propaganda e vendas, avaliado pelos negócios gerados. Como no exemplo hipotético do novo lanche do McDonalds, em que o lanche entregue não estava em conformidade com o que foi divulgado para o consumidor.

- *Gap* 5 – o *gap* **das percepções:** é o *gap* da diferença entre o que é realmente entregue ao cliente e o que eles percebem como recebido, isso porque os clientes não conseguem avaliar com precisão a qualidade do serviço. Está relacionado com a percepção sobre o recebimento daquilo que foi adquirido. Como exemplo hipotético, ocorre quando você assina um serviço de *streaming* (tecnologia de transmissão de conteúdo *online* que nos permite consumir filmes, séries e músicas, como Netflix e Spotify) e nesta plataforma não existe a quantidade ou opções de filmes ou músicas que você esperava.

- *Gap* 6 – o *gap* **da qualidade de serviço:** este último *gap* está relacionado com a diferença entre o que os clientes esperam receber e o serviço que efetivamente foi entregue. Por exemplo, você contrata um serviço de internet móvel 4G ou 5G que não funciona como foi prometido no ato da contratação, ou seja, o telefone fica sem sinal de internet na maioria dos locais que você frequenta.

Nesse modelo, os *gaps de* número 1, 5 e 6 representam lacunas externas entre o cliente e o prestador de serviço, e os *gaps* de número 2, 3 e 4 representam lacunas internas, e ocorrem entre diferentes funções e departamentos da empresa prestadora do serviço.

DEFININDO A PRODUTIVIDADE EM UM CONTEXTO DE SERVIÇO

Quando falamos em produtividade no setor industrial, ou seja, na produção de bens de consumo, estamos falando da mensuração da quantidade de produtos resultantes em relação à quantidade de insumos utilizados. Desta forma, quando falamos de melhorias de produtividade nesse setor, estamos falando do aumento na razão produtos X insumos. É possível melhorar essa razão reduzindo os recursos requeridos para criar dado volume de produto ou aumentando o produto obtido de determinado nível de insumos.

Mas e no contexto de serviços, o que que quer dizer insumo? Os insumos variarão conforme a natureza do serviço, mas geralmente incluirão mão de obra (física e intelectual), materiais para execução do serviço, energia e capital (como o terreno físico para a instalação da empresa, as edificações, os equipamentos, os sistemas de informação e os ativos financeiros da empresa). Por causa da intangibilidade dos desempenhos dos serviços é difícil medir a produtividade em relação às empresas do setor industrial.

MEDINDO A PRODUTIVIDADE

A medição da produtividade em serviços é difícil porque seu produto final costuma ser de complexa definição. Como definir um corte de cabelo? Ou um saque no caixa eletrônico? Se considerarmos um hospital, por exemplo, podemos analisar o número de pacientes tratados em um ano e a taxa de ocupação, ou a média de leitos ocupados. Mas como analisar os diferentes tipos de intervenção, como remoção de tumores, tratamento de diabetes ou reparação de ossos fraturados? Como avaliar as diferenças entre resultados obtidos com os mesmos tratamentos em cada paciente?

Medir a produtividade em serviços é uma tarefa com melhores resultados em serviços de processamento de posses que executam tarefas rotineiras com insumos e produtos de fácil medição. Como exemplos podemos citar oficinas mecânicas que fazem troca de óleo e balanceamento de pneus e restaurantes de *fast-food* que oferecem cardápios com limitadas opções de lanches.

MELHORANDO A PRODUTIVIDADE DE SERVIÇO

Nas empresas prestadoras de serviços, a tarefa de melhoria da produtividade tem sido atribuída especialmente, mas não exclusivamente, aos gerentes de operações. Estes profissionais costumam concentrar-se em ações, tais como:

- Efetuar um controle cuidadoso dos custos em todas as etapas do processo da prestação do serviço, desde a compra de insumos para o desenvolvimento do serviço até as atividades da entrega final do serviço;

- Avaliar alternativas para reduzir o desperdício de insumos ou de mão de obra, como, por exemplo, avaliando a quantidade de funcionários para o atendimento das mesas em um restaurante;

- Realizar o ajuste da capacidade produtiva em níveis médios de demanda e não em níveis de pico, de modo que trabalhadores e equipamentos não enfrentem extensos períodos de ociosidade, como, por exemplo, contratar funcionários fixos para períodos de baixa demanda e contratar funcionários temporários para períodos de alta demanda;

- Analisar a possibilidade de substituição de trabalhadores por máquinas automatizadas e tecnologias de autosserviço operadas pelos clientes, como, por exemplo, a instalação de totens de autoatendimento nas redes de *fast-food* Burger King e McDonalds que reduz a necessidade de atendentes nos caixas;

• Fornecer equipamentos e bancos de dados aos funcionários para que eles possam trabalhar com mais rapidez ou com nível superior de qualidade, como, por exemplo, um salão de cabeleireiros que oferece um cartão magnético que registra o histórico de cores utilizadas para tingir os cabelos, fazendo com que nas próximas visitas o prestador de serviço tenha acesso a essa informação e melhore a qualidade do serviço prestado;

• Proporcionar treinamento para ensinar aos funcionários técnicas sobre como trabalhar de forma mais produtiva; se o funcionário trabalhar com maior velocidade não sera necessariamente melhor, caso gere erros ou trabalho insatisfatório que precisem ser refeitos. Por exemplo, em uma cozinha, o fato de o cozinheiro preparar os pratos com maior rapidez nem sempre significa que os pratos ficarão com melhor sabor, mas existem técnicas que podem ser empregadas para que o seu trabalho seja feito de maneira mais eficiente;

• Trabalhar para ampliar o conjunto de tarefas que um profissional de serviço pode executar, para eliminar gargalos e tempo ocioso, permitindo que os gerentes distribuam os profissionais onde forem mais úteis. É importante ressaltarmos que esta técnica não consiste em exploração do trabalho do prestador de serviço, mas sim em um melhor aproveitamento de funcionários com tempo ocioso;

• Atuar na instalação de sistemas especializados que permitam que pessoas em níveis mais juniores assumam as atividades que antes eram realizadas por funcionários com mais experiência e salários mais altos. Como exemplo, pensemos em um assistente administrativo de uma imobiliária responsável por ligar para as pessoas agendando horários com clientes para um corretor imobiliário. Neste exemplo, o corretor, que em tese possui alta capacidade de vendas, poderá focar suas atividades nas vendas e não no agendamento das visitas.

ABORDAGENS DA MELHORIA DA PRODUTIVIDADE IMPULSIONADAS PELO CLIENTE

Quando existe grande envolvimento dos consumidores no processo de produção de serviço, os gerentes de operação precisam avaliar como os insumos podem tornar-se mais produtivos. Aliados aos gerentes de marketing, eles precisam pensar em quais estratégias de marketing podem ser desenvolvidas para influenciar esses consumidores de modo que seus comportamentos sejam mais produtivos. Algumas dessas estratégias incluem:

Mudar o momento da demanda do cliente. O prestador de serviços pode estimular que os consumidores usem o serviço fora dos períodos de pico e oferecer-lhes incentivos para isso, proporcionando um melhor serviço. Por exemplo, um hotel pode oferecer um pacote vantajoso para hóspedes que desejem hospedagem em períodos de baixa temporada, como março e abril.

Estimular o uso de canais alternativos de entrega de serviço e autosserviço. A estratégia de transferir a entrega para canais mais eficientes em custo, como Internet ou máquinas de autosserviço, melhora a produtividade e facilita a gestão da demanda ao reduzir a pressão sobre funcionários e certos tipos de instalação física em horários de pico. Como exemplo hipotético podemos mencionar o ensino à distância, que possibilita às instituições de ensino menores uma melhor gestão de seus custos operacionais, o que pode acarretar menores preços para os consumidores deste tipo de serviço.

Muitas inovações tecnológicas são projetadas para fazer consumidores executarem tarefas que antes eram realizadas por profissionais de serviços, como, por exemplo, os caixas de autoatendimento (*self-checkout*) dos supermercados, como Carrefour e Festval (rede de supermercados localizada principalmente no estado do Paraná).

Fonte: https://br.freepik.com/

Peça aos clientes que usem terceiros. Em algumas situações, os prestadores de serviços podem melhorar a produtividade se delegarem uma ou mais funções de suporte de marketing para terceiros. Essa estratégia pode gerar economias de escala para o prestador do serviço principal, permitindo que este focalize a qualidade e a produtividade em sua própria especialização. Um exemplo são os estabelecimentos de alimentação que utilizam os entregadores de aplicativos como Ifood e UberEats.

CAPÍTULO 9

FERRAMENTAS DA QUALIDADE APLICADAS AOS SERVIÇOS

FERRAMENTAS CLÁSSICAS DE QUALIDADE PARA ANÁLISE E SOLUÇÃO DE PROBLEMAS

Quando a qualidade de um serviço depende de forças internas, ou seja, forças que podem ser controladas pela empresa, "não há desculpas" para que as falhas em qualidade ocorram. Desta forma, as ferramentas de gestão da qualidade auxiliam na análise de dados e proporcionam fundamentação para a tomada de decisão na gestão de serviços, evitando que problemas em sua prestação voltem a ocorrer. Abordaremos nesse capítulo sete ferramentas que podem ser utilizadas por gestores de empresas de serviços, de diferentes portes e setores, para mensurar e melhorar a qualidade de seus processos, tendo como grande norteador a satisfação do consumidor.

1 - PLANILHA DE CONTROLE

Esta ferramenta consiste em uma planilha para controle e registro histórico das observações relacionadas ao serviço. Também é conhecida como **Folha de Verificação**, e representa uma boa fonte de dados para iniciar a análise e a identificação do problema.

Antigamente, essa planilha era feita em uma folha de papel listando os problemas potenciais, e, diariamente, os funcionários faziam apontamentos para o controle na coluna apropriada, registrando a frequência da ocorrência. Atualmente, essas informações podem inseridas de forma digital, em uma planilha do Excel, por exemplo, para facilitar a sua interpretação. A figura seguinte é um registro, em planilha do Excel, de problemas enfrentados por uma companhia aérea norte-americana, a Midway Airlines:

Figura – Planilha de controle do Excel

Mês	Área do problema				
	Bagagem perdida	Atraso na decolagem	Mecânico	*Overbooking*	Outro
Janeiro	1	2	3	3	1
Fevereiro	3	3	0	1	0
Março	2	5	3	2	3
Abril	5	4	4	0	2
Maio	4	7	2	3	0
Junho	3	8	1	1	1
Julho	6	6	3	0	2
Agosto	7	9	0	3	0
Setembro	4	7	3	0	2
Outubro	3	11	2	3	0
Novembro	2	10	1	0	0
Dezembro	4	12	2	0	1
Total	44	84	24	16	12

Fonte: Fitzsimmons e Fitzsimmons (2014, p. 181).

Por meio da análise dos tipos mais frequentes de problemas com a execução do serviço e a frequência com a qual ele ocorre, é possível que a companhia aérea tome medidas de ajuste e correção destes pontos de falha. Além disso, essa planilha permite acompanhar a evolução destes pontos de melhoria, ou seja, se eles estão acontecendo com maior ou menor frequência diante das medidas tomadas para resolução. Trata-se de uma ferramenta clássica, simples de ser compreendida, de baixo custo e bom nível de informação para a tomada de decisão.

2 - CARTAS DE CONTROLE

A **Carta de Controle** é uma ferramenta que pode ser utilizada para rastrear as mudanças em uma variável importante de um processo de serviço ao longo do tempo. Assim, é possível utilizá-la para detectar tendências, variações ou ciclos no desempenho. Essa ferramenta é fácil de visualizar e interpretar, sendo útil para previsão de tendências no serviço. Os funcionários podem desenvolver diagramas para comparar uma medida de desempenho antes e depois da implementação de uma solução. Conforme mostra a figura abaixo, a companhia área Midway constatou um aumento constante no número de saídas com atraso:

Figura – Carta ou gráfico de controle de atrasos nas decolagens

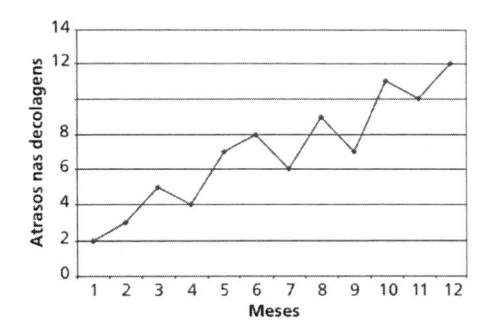

Fonte: Fitzsimmons e Fitzsimmons (2014, p. 182).

Desta forma, munida da informação obtida por meio da carta de controle, os gestores da empresa de serviço podem desenhar alternativas para a correção destes problemas na prestação de serviço. Diferente da planilha de controle, a carta de controle permite uma visualização gráfica por meio da utilização de estatística descritiva, como média, mediana e desvio padrão, que possibilitam uma análise mais aprofundada sobre os números que são trabalhados na análise.

3 - HISTOGRAMA

Também conhecido como Gráfico de Distribuição de Frequências, trata-se de uma ferramenta de representação gráfica utilizada para mostrar a frequência com que uma determinada amostra de dados ocorre. Para a utilização desta ferramenta, o prestador de serviços precisa coletar determinados dados, como atrasos em entregas por um determinado intervalo de tempo, para poder realizar uma análise gráfica do comportamento dessa variável (atraso).

É possível desenvolver essa análise utilizando o comando de gráficos do Excel, ao inserir os dados da planilha de controle. Para analisar os resultados, deve-se considerar que uma distribuição com dois picos, ou bimodal, sugere que duas distribuições com diferentes meios são subjacentes aos dados. Para uma companhia aérea, uma distribuição bimodal de atrasos em decolagens poderia ser explicada por um efeito de sazonalidade com base nas condições do tempo. Na figura abaixo o item analisado é referente ao número de bagagens perdidas. Observe que a distribuição não é simétrica, mas inclinada para menos ocorrências ao longo dos meses:

Figura - Histograma de Bagagens Perdidas

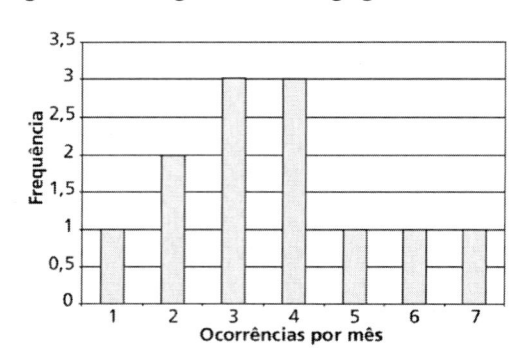

Fonte: Lovelock, Wirtz e Hemzo (2011, p. 182).

4 - DIAGRAMA DE CAUSA E EFEITO

Esta ferramenta clássica e popular foi desenvolvida pelo especialista em qualidade Kaoru Ishikawa, por isso, é uma ferramenta também conhecida como Diagrama de Ishikawa ou Gráfico de Espinha de Peixe (devido ao formato de seu desenho). Para o desenvolvimento desta ferramenta, grupos de funcionários reúnem-se para discutir em detalhes as razões que poderiam causar um problema específico na prestação de um determinado serviço, também por meio da popular técnica denominada *brainstorm* (traduzida do inglês como tempestade de ideias).

A construção do diagrama começa com o problema a ser analisado e segue as principais categorias de causa ao longo da espinha. Categorias comuns de serem analisadas em serviços são: as informações, os clientes, os materiais, os procedimentos, o pessoal e o equipamento. É comum que as causas sejam descobertas utilizando-se perguntas, tais como: quem, o quê, onde, quando, por quê, como e quanto custa (perguntas conhecidas em inglês como 5W2H).

Após esse levantamento, essas informações são categorizadas em agrupamentos. Na figura seguinte temos listadas informações sobre a companhia aérea Midway: equipamentos, pessoal da linha de frente, pessoal de apoio, suprimentos, procedimentos e informações, que estão organizadas no diagrama em espinha de peixe:

Figura – Gráfico de causa e efeito para atrasos em voos

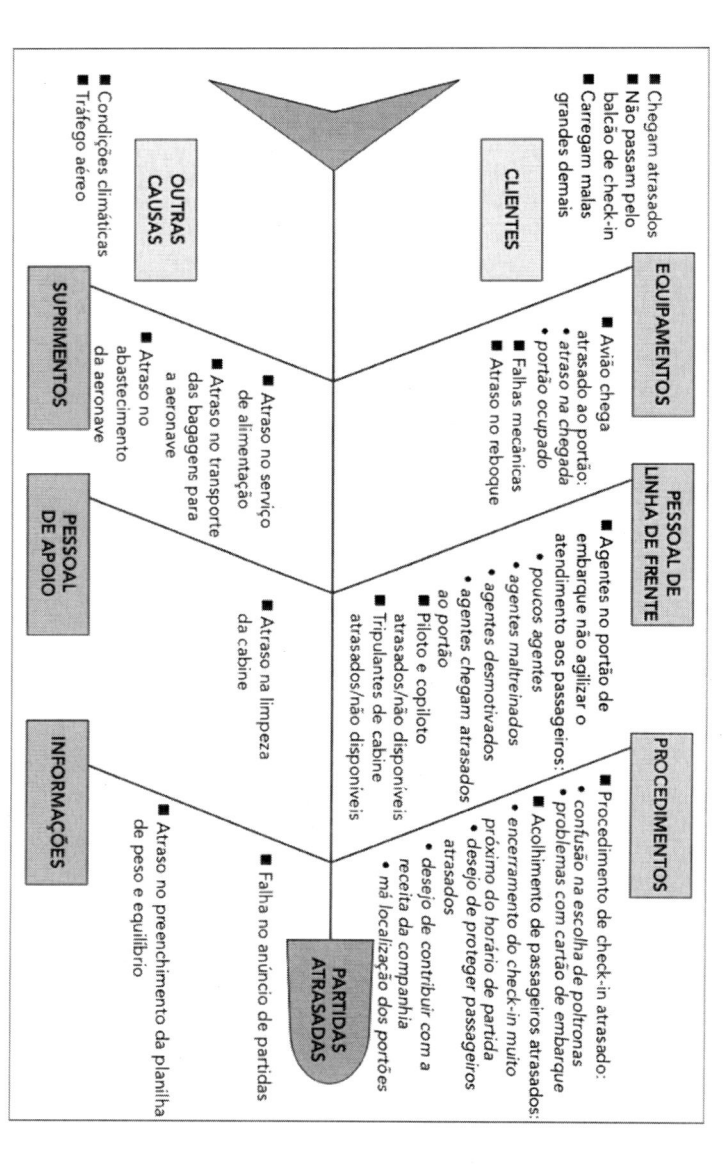

Fonte: Lovelock, Wirtz & Hemzo (2011, p. 469).

Os funcionários aparecem no diagrama separados em pessoal de linha de frente e pessoal de apoio para destacar que problemas de serviços na linha de frente podem ser experimentados diretamente por clientes, enquanto as falhas do pessoal de apoio aparecem de maneira mais oblíqua, por meio de um efeito de propagação.

Após identificar as principais causas potenciais de problemas na operação de um serviço, é necessário avaliar o impacto de cada uma nos atrasos ocorridos. Isso pode ser estabelecido por meio de contagens de frequência em combinação com análise de Pareto, que veremos a seguir.

5 - GRÁFICO DE PARETO

Essa ferramenta recebe o nome do economista que a desenvolveu, e busca identificar as principais causas dos resultados observados pela empresa prestadora de serviço. O gráfico de Pareto utiliza a técnica fundamenta na clássica regra de 80/20. Vilfredo Pareto observou que poucos fatores costumam ser responsáveis por uma grande porcentagem do total de casos de uma determinada situação. Como exemplo hipotético, pense em um país em que 80% da riqueza esteja nas mãos de 20% dos seus cidadãos. Pareto argumenta que uma série de situações seguem uma lógica similar a esta. Mais do que nos atermos aos números exatos, devemos ter em mente a ideia de Pareto de que devemos priorizar os fatores fundamentais que levam a um determinado caso!

Como vimos, o Diagrama de Causa e Efeito é uma ferramenta da qualidade que ajuda a levantar as causas-raiz de um problema, analisando todos os fatores que envolvem a execução do processo e os efeitos decorrentes desta causa-raiz. A ferramenta considera os aspectos que podem ter levado à ocorrência de um determinado problema, assim, ao utilizá-la, a chance de que algum detalhe seja esquecido diminui consideravelmente.

Desta forma, compreende-se que cerca de 80 % da variável "número de falhas de serviço" acontece por causa de 20% da variável causal de número de causas possíveis, conforme identificado pelo diagrama em espinha de peixe (conforme figura seguinte). A combinação do diagrama de causa e efeito, com a análise de Pareto, é útil e serve para revelar as principais causas da falha no serviço:

Figura – Análise de causas de atrasos em voos

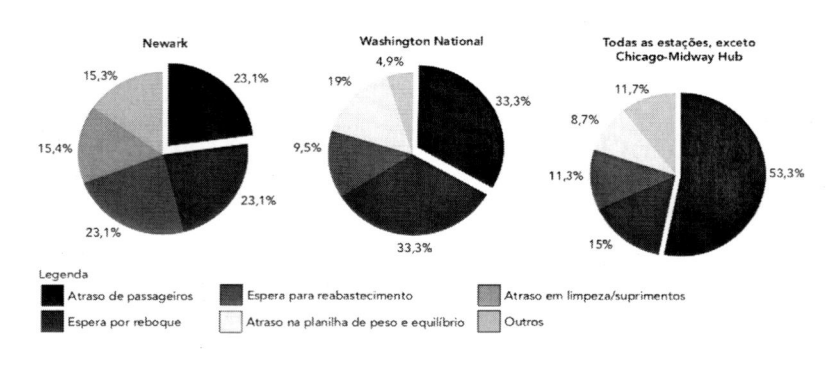

Fonte: Lovelock, Wirtz e Hemzo (2011, p. 470).

Pela figura podemos perceber que 88% dos voos que partiram com atraso foram causados por apenas 15% de todos os possíveis fatores. Isso quer dizer que mais da metade dos atrasos que ocorreram foi causada por um único fator, neste caso a aceitação de passageiros atrasados (situações que acontecem quando os funcionários atrasam a decolagem do avião por causa de algum passageiro.

Nessas situações, a empresa conseguiu atender aos anseios do passageiro atrasado, mas deixou todos os demais passageiros que já estavam a bordo da aeronave insatisfeitos com o atraso. Por isso, o prestador de serviço precisa estar atento as causas dos problemas na prestação do serviço. Seria improvável obter esta conclusão sem a utilização de uma ferramenta confiável.

6 - FLUXOGRAMA

Esta ferramenta é uma excelente representação visual do processo do serviço e contribui para que os prestadores possam identificar pontos em que os problemas podem ocorrer ou pontos de intervenção para solução.

Esta ferramenta é desenhada de acordo com uma simbologia específica para fluxogramas. Os losangos representam pontos de tomada de decisões. Os retângulos são utilizados para representar as atividades. As elipses representam pontos iniciais e finais do processo. Estes símbolos são ligados por setas que representam a sequência em que as atividades ocorrem.

Na figura abaixo você pode observar um fluxograma referente ao processo de embarque de uma companhia área. Nela é possível perceber possíveis fontes de atrasos, como passageiros tentando embarcar com excesso de bagagem.

Figura - Fluxograma no portão de embarque

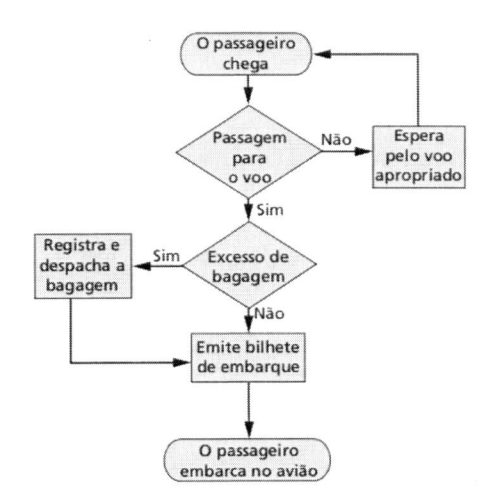

Fonte: Lovelock, Wirtz e Hemzo (2011, p. 183).

O processo de construção de um fluxograma exige uma atenção detalhada aos processos e etapas da prestação do serviço. Por isso, a ferramenta a seguir, BluePrint, pode ser útil para o mapeamento destes processos.

7 - BLUEPRINTING

As ferramentas Diagramas de Causa e Efeito e Gráfico de Pareto são úteis para revelar as causas de problemas no serviço e a importância dos problemas para a qualidade. No caso da ferramenta **Blueprinting** é possível realizar um exame minucioso com a finalidade de identificar o ponto exato em que um problema foi causado.

Um *blueprinting* bem desenvolvido auxilia o prestador de serviço a visualizar o processo de entrega do serviço, retratando a sequência de interações em que os clientes experimentam o serviço e quando encontram os funcionários da linha de frente, o contato com as instalações e equipamentos, junto com atividades de apoio ou retaguarda.

Figura – Blueprint para um hotel de luxo

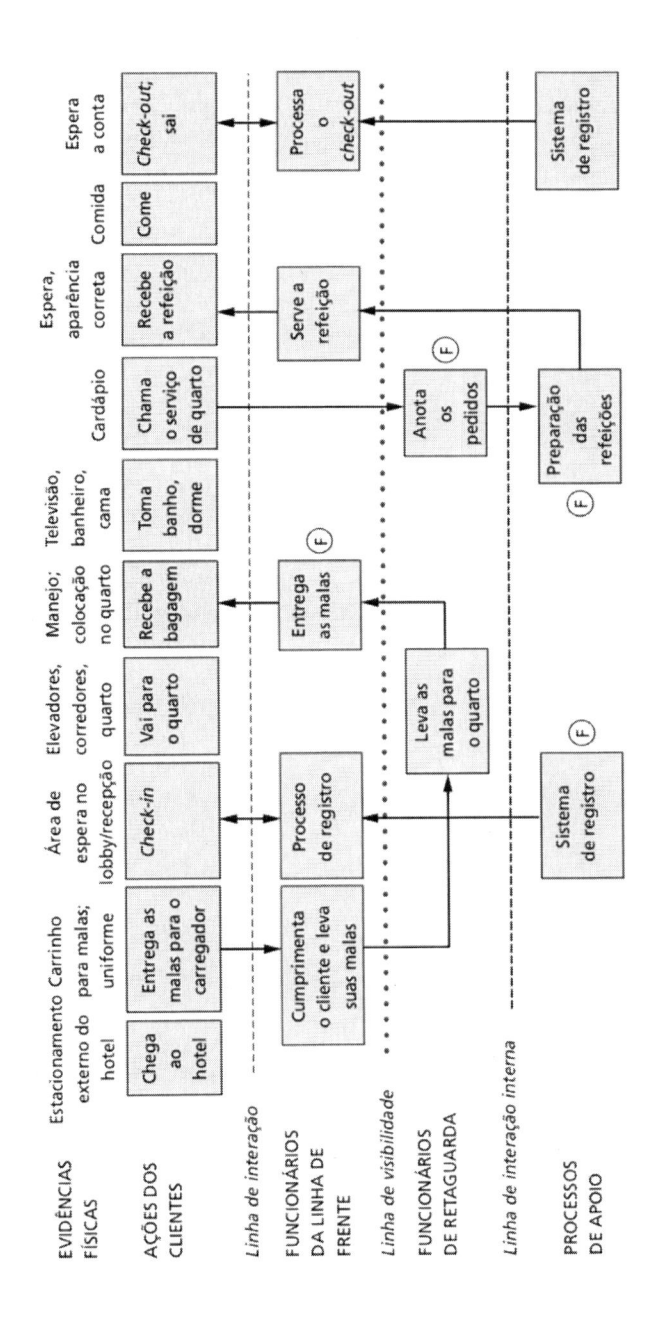

Fonte: Fitzsimmons e Fitzsimmons (2014, p. 98).

O *Blueprint* contribui para identificar pontos com maior potencial de falhas e ajuda a entender as falhas ocorridas em um ponto específico. Como, por exemplo, em um consultório médico, o registro incorreto da data de uma consulta pode causar um efeito de propagação em um estágio posterior do processo, pois o cliente chegará ao consultório e será informado de que o médico não poderá atendê-lo ou terá que esperar por um encaixe entre um paciente e outro.

Por meio da utilização dessa ferramenta espera-se eliminar pontos de falha na prestação do serviço (representados pela letra F na figura de *Blueprint* para um hotel de luxo). Se essas falhas não puderem ser eliminadas ou evitadas, como em decorrência de condições climáticas ruins em um dia de show ao ar livre, as soluções podem ficar concentradas no desenvolvimento de planos de contingência e diretrizes de recuperação de serviços, como exemplo, oferecendo ao cliente ingressos para outro dia do mesmo show ou algum outro tipo de compensação equivalente.

A antecipação ao que pode dar errado no processo de prestação de serviço é o primeiro passo importante para evitar problemas de qualidade.

O EXEMPLO DA MARRIOTT CORPORATION

A empresa norte-americana Marriott Corporation, dona de um conglomerado de hotéis de luxo espalhados por todo o mundo utiliza programas focados em treinamento, padrões de desempenho, desenvolvimento da carreira e gratificações. A qualidade do serviço pode ser incrementada pela atitude assumida por uma empresa em relação aos seus funcionários. Os oito programas têm se mostrado como os mais eficientes para melhorar a qualidade em serviços:

1 Desenvolvimento individual. Utilizando manuais de instrução programada, os novos funcionários de gerenciamento adcuirem as habilidades e o conhecimento técnico necessários para o cargo de nível inicial de gerente assistente.	2. Treinamento da administração. O pessoal da administração participa a cada ano de uma reunião de desenvolvimento do gerenciamento. Uma variedade de tópicos de gerenciamento profissional é abordada em seminários de dois e três dias.
3. Planejamento de recursos humanos. Os tipos de pessoas necessárias para ocupar posições-chave na empresa nos anos seguintes são identificados, e é criado um inventário de bons currículos para promoções futuras. Um elemento central do plano é uma análise de desempenho periódica de todo o pessoal do gerenciamento.	**4. Padrões de desempenho.** Um conjunto de livretos foi desenvolvido para instruir os empregados sobre como se comportar ao lidar com os hóspedes e, em alguns casos, até como falar. Em muitos casos, os livretos são acompanhados por um vídeo para demonstrar os procedimentos apropriados. A adesão a esses padrões é controlada por visitas surpresa de uma equipe de inspetores.
5. Plano de carreira. Um programa de desenvolvimento no trabalho com uma escada de cargos de habilidades e responsabilidades crescentes dá aos empregados a oportunidade de crescerem com a empresa.	**6. Pesquisas de opinião.** Uma pesquisa de opinião é conduzida pelo pessoal treinado em cada unidade. Subsequentemente, os resultados são discutidos em uma reunião. Essa pesquisa age como um sistema de aviso inicial para impedir a formação de atitudes desfavoráveis.
7. Tratamento justo. É dado aos empregados um guia com as expectativas da empresa e as obrigações em relação ao seu pessoal. O procedimento de queixa formal inclui o acesso à ouvidoria para ajudar na solução de dificuldades.	**8. Participação nos lucros.** Um plano de participação nos lucros mostra o reconhecimento de que os empregados são responsáveis por grande parte do sucesso da empresa e de que merecem mais do que apenas um cheque de pagamento por seu empenho.

Fonte: Lovelock, Wirtz e Hemzo (2011, p. 187).

PARTE IV
AS PESSOAS E OS SERVIÇOS

CAPÍTULO 10

AS PESSOAS NO SETOR DE SERVIÇOS

FUNCIONÁRIOS DE SERVIÇOS COMO FONTE DE FIDELIDADE DE CLIENTES E DE VANTAGEM COMPETITIVA

Se você parar para pensar, certamente vai se recordar de alguma experiência ruim com uma empresa de serviços. Seja por causa da longa espera pelo atendimento, seja pela qualidade ruim do serviço recebido. Mas, você também deve se lembrar de alguma experiência de serviço realmente boa. Daquelas que te geram uma boa lembrança.

Funcionários que atuam em algumas empresas prestadoras de serviços são considerados, com certa frequência, displicentes, incompetentes e mesquinhos; mas, também podem ser vistos como "heróis" que fizeram de tudo para ajudar os clientes, prevendo suas necessidades e resolvendo problemas com solicitude e empatia.

Partindo da perspectiva do consumidor, o momento de contato com os funcionários de linha de frente do serviço é, com certeza, o aspecto mais importante. Por isso, o nível de serviço e o modo como ele é entregue podem ser uma relevante forma de diferenciação sobre a concorrência. Nesse contexto, o fator "funcionários da linha de frente do serviço" é importante para os consumidores e para a empresa principalmente porque:

Figura – A importância dos funcionários da linha de frente

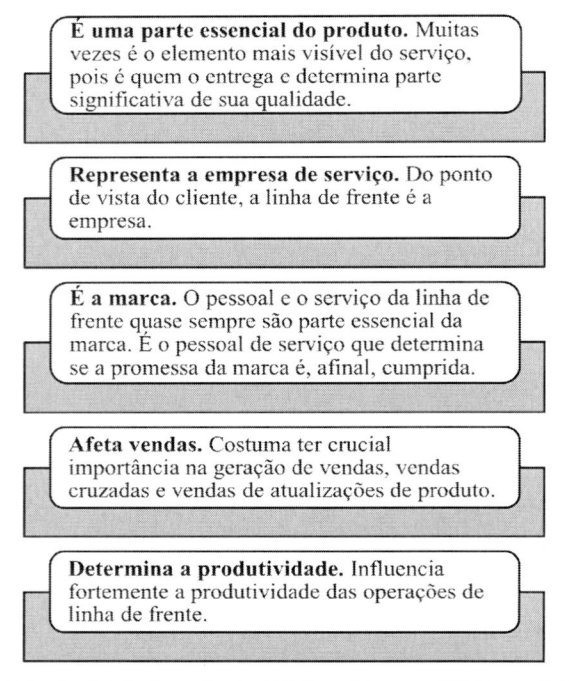

Fonte: Adaptado de Lovelock, Wirtz e Hemzo (2011, p. 340-341).

Além disso, funcionários da linha de frente costumam desempenhar um papel importante na previsão das necessidades dos consumidores, pois conseguem adaptar a entrega de serviço, desenvolver relacionamentos personalizados e gerar fidelidade. Isso porque um atendimento bem executado leva à satisfação e ao desejo de voltar a usar o serviço, estimulando assim a fidelização.

TRABALHAR NA LINHA DE FRENTE É DIFÍCIL E ESTRESSANTE

Por causa dessa intensidade e responsabilidade, os funcionários da linha da frente sofrem constantes cobranças e pressões sobre seu desempenho. É possível que você já tenha trabalhado em alguma atividade de linha de frente em serviços ou que conheça alguém que trabalhe e que saiba do que estamos falando. Vamos, então, tratar das principais razões que tornam essas atividades tão exigentes.

FONTES DE CONFLITO

Existem três causas principais de estresse causado pela atuação na linha de frente: (i) conflitos entre a organização e o cliente; (ii) conflitos entre o funcionário e o papel desempenhado; (iii) conflito entre clientes. Vamos ver com mais detalhes cada um destes conflitos.

Conflito entre a organização e o cliente. Funcionários de linha de frente devem atender aos objetivos operacionais e de marketing da empresa. Desta forma, eles devem encantar os consumidores (atividade que demanda tempo), ao mesmo tempo em que precisam ser ágeis e eficientes nas tarefas operacionais.

Em muitos momentos esses funcionários também precisam lidar com consumidores que requisitam serviços extras ou exceções que violam regras organizacionais, situação conhecida como "dilema dos dois patrões". Isso ocorre, por exemplo, quando o consumidor deseja um desconto maior do que o permitido pela política da empresa e o funcionário precisa dizer não, mesmo que sua vontade seja a de dizer sim.

Conflito entre funcionários e o papel desempenhado. Os funcionários da linha de frente podem enfrentar conflitos entre o que seu trabalho exige e sua própria personalidade, percepções e crenças. Por exemplo: uma atendente precisa sorrir e ser simpática mesmo quando não está de bom humor ou quando recebe clientes mal-educados.

Funcionários que atuam na linha de frente precisam ter uma personalidade independente, cordial e amigável. No entanto, essa função costuma ser percebida como uma atividade que requer pouca educação, o que é um erro grave. Consequentemente, muitas empresas oferecem baixos salários para essas atividades, e muitas vezes sem perspectivas de carreira.

Conflito entre clientes. É bastante comum que funcionários da linha de frente tenham que lidar com consumidores que infrinjam as regras do estabelecimento, como fumar em locais proibidos, furar fila, tentar passar um número maior de itens do que é permitido naquele caixa, falar ao celular na sala de cinema ou clientes que fazem barulho excessivo em um restaurante e que incomodam os demais consumidores. Repreender este consumidor é uma tarefa muito estressante e desagradável, pois é difícil e muitas vezes impossível satisfazer ambos os lados (empresa e consumidor). De todo modo, o pessoal de serviços deve ser treinado para resolver esses conflitos, antes que ocorram resultados indesejados de maiores escalas.

Funcionários de linha de frente geralmente desempenham três papéis: satisfazer os consumidores, entregar produtividade e gerar vendas para a empresa. Desempenhar esses três papéis, ao mesmo tempo, pode gerar conflitos e estresse. Independentemente disso, devem ter boa-vontade em relação ao consumidor. Isso é chamado de trabalho emocional em serviços, que constitui uma considerável causa de estresse.

TRABALHO EMOCIONAL

O trabalho emocional em serviços surge da divergência entre o que o funcionário da linha de frente sente e as emoções que ele deve demonstrar aos consumidores. É esperado destes funcionários que eles sejam alegres, cordiais e compassivos. Por isso, devem controlar suas emoções (expressões faciais, gestos, tom de voz e palavras), durante todo o dia, todos os dias.

O estresse do trabalho emocional destes funcionários é ilustrado por uma história fictícia: uma vez, determinado passageiro pediu que a comissária de bordo lhe desse um sorriso. Gentilmente ela respondeu: "Tudo bem, mas antes vamos fazer um trato: primeiro você sorri e depois eu sorrio". Então o passageiro sorriu e esperou receber o sorriso de volta. Então ela disse "Bom, agora tente segurar esse sorriso durante 15 horas", virou-se e foi embora.

Fonte: https://br.freepik.com/

Da perspectiva do passageiro essa história causa certo desconforto, mas da perspectiva da comissária, essa história é compreensível, pois são horas diárias de pressão por um alto nível de atendimento. Quanto maior for a expectativa do consumidor maiores serão suas exigências em relação ao serviço prestado, gerando assim maiores cobranças sobre os funcionários de linha de frente.

RECOMPENSAS E MOTIVAÇÃO PARA COLABORADORES EM SERVIÇOS

O CICLO DO TALENTO EM SERVIÇOS

É razoável pensarmos que as empresas de serviços gostariam de trabalhar no ciclo do sucesso. Para isso, o processo de contratação, capacitação e motivação deve buscar desenvolver funcionários dedicados, capazes e dispostos a entregar excelência de serviço, produtividade e vendas. Por isso, satisfazer as necessidades dos funcionários em serviços é uma condição necessária, mas não suficiente, para ter bons resultados.

Você deve estar se perguntando, mas o que fazer para conseguir bons resultados com os funcionários em serviços? Existem passos que podem ser seguidos em direção da excelência de serviço e produtividade, conforme figura seguinte:

Figura – O ciclo de talento em serviços – fazendo a coisa certa em RH nas empresas de serviço

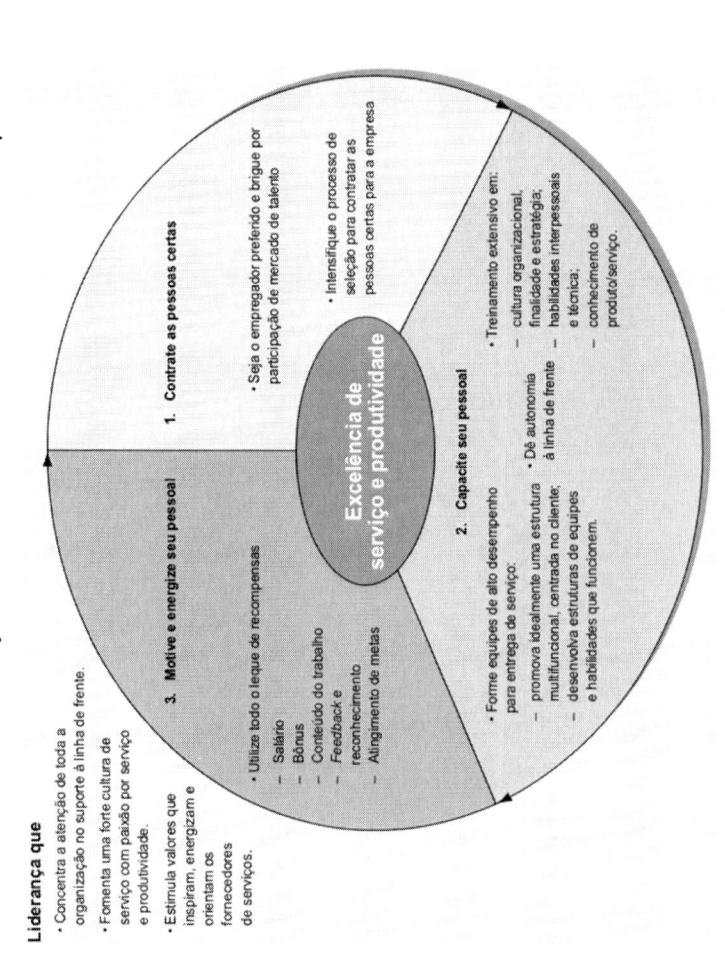

Liderança que

- Concentra a atenção de toda a organização no suporte à linha de frente.
- Fomenta uma forte cultura de serviço com paixão por serviço e produtividade.
- Estimula valores que inspiram, energizam e orientam os fornecedores de serviços.

3. Motive e energize seu pessoal

- Utilize todo o leque de recompensas
  - Salário
  - Bônus
  - Conteúdo do trabalho
  - *Feedback* e reconhecimento
  - Alinhamento de metas

1. Contrate as pessoas certas

- Seja o empregador preferido e brigue por participação de mercado de talento
- Intensifique o processo de seleção para contratar as pessoas certas para a empresa

2. Capacite seu pessoal

- Treinamento extensivo em:
  - cultura organizacional, finalidade e estratégia;
  - habilidades interpessoais e técnica;
  - conhecimento de produto/serviço.
- Dê autonomia à linha de frente
- Forme equipes de alto desempenho para entrega de serviço:
  - promova idealmente uma estrutura multifuncional, centrada no cliente;
  - desenvolva estruturas de equipes e habilidades que funcionem.

Excelência de serviço e produtividade

Fonte: Lovelock, Wirtz e Hemzo (2011, p. 352).

O primeiro passo refere-se à contratação de pessoas certas para a função na empresa de serviços. Depois disso, esse profissional precisa ser capacitado, receber treinamento adequado e certa autonomia para tomada de decisões diante dos clientes. Por fim, a empresa precisa motivar esse funcionário com diversas opções que vão desde salários compatíveis com o mercado, até o reconhecimento de um bom serviço prestado. Veremos os tópicos da figura dos ciclos de talento em serviços a seguir.

CONTRATE AS PESSOAS CERTAS

Funcionários que não gostam do que fazem dificilmente executarão bem suas funções e, consequentemente, os consumidores não ficarão satisfeitos com o serviço recebido. É importante avaliar o perfil do candidato e verificar se ele está adequado para a função. Por exemplo, se você necessita contratar um professor de educação infantil, esse profissional precisa gostar de crianças, ser paciente, atencioso, cuidadoso, entre outras características intrínsecas a atividade de educador infantil. Podemos pensar em outro exemplo também: se você contratará um cozinheiro para um restaurante que atende clientes exigentes ele precisa gostar de cozinhar, saber lidar com pressão, ser higiênico, ser ágil e atencioso, entre outras características para que os alimentos sejam feitos de maneira a conquistar os consumidores do restaurante.

Seja o empregador preferido. Para que a empresa possa selecionar e contratar os melhores profissionais disponíveis no mercado, ela precisa, em primeiro lugar, ter uma boa imagem de empregador e entregar produtos e serviços de alta qualidade. Isso estimula os funcionários a sentirem orgulho de fazer parte desta empresa.

Além disso, o pacote de remuneração (salários e benefícios) deve estar alinhado com a média do mercado, no mínimo. A empresa não precisa ser, necessariamente, a que melhor remunera seus funcionários, mas precisa estar atenta aos aspectos importantes relacionados com a qualidade de vida destes funcionários durante sua jornada de trabalho. De maneira geral, a empresa precisa estar atenta às necessidades dos funcionários que pretende contratar e ajustar sua proposição de valor, caso seja necessário.

Selecione as pessoas certas. Certamente, não existe um funcionário perfeito. Existem funcionários que chegam perto disso, mas sabemos que não existem seres humanos perfeitos. O que deve ser analisado é o conjunto de habilidades pessoais dos candidatos em relação ao conjunto de atividades do cargo. Por exemplo, a empresa Walt Disney, em seu processo de seleção de talentos, avalia esses candidatos em relação ao seu potencial para trabalhar. Os funcionários que trabalham em cena, ou seja, na linha de frente, são conhecidos como membros do elenco, e por isso, recebem os papéis que mais se ajustam a sua aparência, personalidade e habilidades.

Uma dificuldade desse processo é a de que, na maioria das vezes, essas características não podem ser ensinadas para uma pessoa, pois são qualidades intrínsecas que elas possuem ou que não possuem; no entanto, há características que podem sim ser ensinadas, como, por exemplo, a cordialidade. Ao selecionar candidatos a empresa precisa se certificar que os critérios de recrutamento favoreçam candidatos cuja personalidade seja naturalmente cordial, pois as pessoas adequadas demonstram comportamentos adequados em diversas situações, como uma extensão natural de seu caráter e atitude. Trata-se de algo muito estratégico para a gestão de serviços!

CAPACITE SEU PESSOAL

Em seção anterior falamos sobre a importância e necessidade do treinamento e capacitação dos funcionários em serviços. Vimos que o treinamento e o aprendizado profissionalizam o pessoal da linha de frente. Por isso, a empresa não deve deixar de treinar e desenvolver seus funcionários. Além disso, ela pode fornecer autonomia para eles, a fim de proporcionar tomadas de decisão menos centralizadas na gerência e aumentar a satisfação dos clientes.

EMPODERANDO OS FUNCIONÁRIOS DA LINHA DE FRENTE

No processo de engajar os funcionários, o próximo passo é dar certa autonomia para o pessoal que atua na linha de frente. Muitas empresas que prestam serviços de excelência possuem histórias de funcionários que conseguiram recuperar um cliente descontente ou que foram além para encantar o cliente. Como, por exemplo, uma história que ficou famosa do atendente Richard que trabalha na empresa de brinquedos Lego. Um garotinho de 7 anos chamado Luka Apps, perdeu seu brinquedo favorito, o Jay ZX, um dos bonecos que vinha na coleção Kit Ninjago. Ele escreveu um e-mail relatando que não seguiu o conselho de seu pai sobre não levar o brinquedo ao supermercado, e foi assim que o perdeu. Por e-mail, o atendente Richard respondeu ao pequeno Luka. Na resposta ele dizia que conversou com Sensei Wu – um dos personagens do Ninjago. Na resposta o Sensei disse que o pai do garoto parecia um homem muito sábio e que ele deveria proteger os bonecos do Ninjago. Como desfecho da história, o atendente Richard mandou um novo Jay ZX para Luka e enviou outros itens da coleção para ele brincar.

Essa autonomia para o funcionário que atua na linha de frente é muito importante, uma vez que estes, muitas vezes, precisam resolver sozinhos e imediatamente os problemas dos consumidores. Por isso, a empresa precisa ter pessoas em quem possa confiar para delegar essa responsabilidade de forma adequada. Além disso, estes funcionários precisam sentir-se seguros de que a empresa apoia suas decisões e de que não irá puni-los por algum eventual erro moderado.

ESTIMULE A MOTIVAÇÃO E ENERGIZE AS PESSOAS

Como uma empresa pode contribuir para que os funcionários contratados entreguem o serviço com excelência? Esse desempenho depende da habilidade para executar as tarefas e, também, da motivação para executá-las. Por isso, a contratação, o treinamento, o fortalecimento e a organização dos funcionários possibilitam a obtenção de pessoas capazes. Mas são os sistemas de recompensa que vão, em geral, tornar a motivação possível.

Nesse sentido, estimular a motivação e premiar bons funcionários são dois dos modos mais eficazes de retê-los. Isso porque eles percebem ao longo do tempo que os que recebem promoções são os que se destacam mais e, opostamente, os demitidos são os que não atingem os resultados necessários.

Entretanto, muitas empresas não exploram com eficácia toda a gama de recompensas, pois enxergam apenas o dinheiro como forma de recompensar um funcionário. Um salário justo é um fator básico de trabalho, e não necessariamente de motivação. Isso porque salários justos podem estimular motivação de curto prazo, evitando a insatisfação, mas gerando pouca satisfação no longo prazo, a depender do contexto vivido pelo funcionário.

Recompensas de longo prazo são relacionadas com o conteúdo do trabalho em si, o reconhecimento pelo bom desempenho e *feedbacks* construtivos (de verdade) e o cumprimento de metas. Trataremos destes tópicos com mais detalhes.

Conteúdo do trabalho. Muitas pessoas sentem-se motivadas por saberem que fazem um bom trabalho. Elas sentem-se bem com sua consciência e gostam de receber o reconhecimento por esse esforço. Além disso, quando a função exercida é considerada significativa pelo impacto gerado na vida de outros, ela fornece autonomia e torna-se uma fonte de *feedback* objetiva para mensurar a qualidade do trabalho dos funcionários, como, por exemplo, clientes que são gratos pelo serviço recebido.

Fonte: https://www.pexels.com/pt-br/

Retorno e reconhecimento. Nós, como seres humanos somos seres sociais e buscamos sentido de identidade e pertencimento a um ou mais grupos. Em um contexto organizacional, essa sensação pode ser obtida por meio do reconhecimento e do *feedback* que recebemos de clientes, colegas e gestores. Conforme a empresa reconhece e agradece o serviço prestado por seu funcionário, mais ele desejará entregar. Por exemplo, quando bem desenhadas, as premiações do tipo "funcionário do mês" reconhecem funcionários com bom desempenho e podem ser altamente motivadoras.

Fonte: https://br.freepik.com/

Atingimento de metas. Metas contribuem para focalizar a energia das pessoas. Elas são importantes para a vida de todos nós. A empresa precisa estipular metas específicas, que sejam difíceis, mas atingíveis, para o engajamento de seus funcionários. O atingimento destas metas resulta em desempenho mais alto do que se não houvesse nenhuma meta, metas indefinidas ou metas impossíveis de serem cumpridas.

Fonte: https://www.pexels.com/pt-br/

No entanto, existem alguns pontos importantes que devem ser considerados na determinação de metas eficazes:

Quadro – Determinação de Metas eficazes

Cumprir metas é, em si, uma recompensa, quando elas são consideradas importantes.
O cumprimento de metas pode ser usado como base para recompensas, incluindo pagamento, *feedback* e reconhecimento. *Feedback* e reconhecimento de colegas podem ser dados com mais rapidez, menos custo e mais eficácia do que pagamentos e, além disso, são gratificantes para a autoestima dos funcionários.
Metas específicas e difíceis devem ser determinadas publicamente para serem aceitas. Embora as metas devam ser específicas, elas também podem ter elemento intangível, como taxas de melhoria no quesito cortesia dos funcionários.
Relatórios de acompanhamento do cumprimento de metas (*feedback*) e o próprio cumprimento das metas devem ser eventos públicos (reconhecimento), se o objetivo for atender às necessidades de autoestima de funcionários.
Na maior parte das vezes, é desnecessário especificar meios para atingir metas. Acompanhamento e *feedback* no decurso da atividade servem como uma função corretiva. Contanto que seja específica, difícil, porém alcançável e aceita, a meta, se perseguida, será cumprida, mesmo na ausência de outras recompensas.

Fonte: Lovelock, Wirtz e Hemzo (2011, p. 365-366).

RECOMENDAÇÕES PARA ENGAJAR OS FUNCIONÁRIOS EM SERVIÇOS

Atenção para a carreira. Muitos prestadores de serviço enxergam seus funcionários de linha de frente como um funcionário temporário naquela função. Isso faz com que o funcionário se sinta desmotivado pela falta de perspectivas em relação ao seu futuro naquela empresa. Por isso, a criação de um plano de carreira para todos os funcionários é algo essencial. As regras devem ser claras, os critérios para promoção, prêmios e bônus devem ser bem definidos para evitar que funcionários fiquem frustrados por não receberem tais recompensas.

Envolvimento em causas sociais. Grandes empresas já perceberam que o engajamento com causas sociais aumenta a motivação do funcionário em fazer parte daquela empresa. Nesse sentido, muitas destas empresas envolvem seus funcionários em ações filantrópicas que geram um importante impacto social.

As empresas podem colaborar com organizações que atuam diretamente em causas sociais, como é o caso da *Junior Achievement*, uma organização não governamental (ONG) de educação prática em negócios, economia e empreendedorismo. Por meio da parceria com essa organização, a empresa pode engajar seus funcionários para o voluntariado em um dos programas de educação oferecidos pela ONG.

Fonte: https://www.jabrasil.org.br/

Estes funcionários voluntários são capacitados para entrar em sala de aula e levar educação empreendedora, preparação para o mercado de trabalho e educação financeira para jovens estudantes do Ensino Fundamental e Ensino Médio. Anualmente são mais de 470.000 voluntários envolvidos na capacitação de mais de 10 milhões de alunos em mais de 100 países.

Diálogo com os funcionários. Quando existe um canal aberto para diálogo entre altos gestores e demais funcionários, a compreensão sobre o que é importante para ambos os lados aumenta, evitando situações de desconforto ocasionadas por falta de clareza entre as partes. Além disso, por meio do diálogo é possível entender quais são os anseios e desejos dos funcionários, o que lhes motiva e quais são suas perspectivas sobre suas carreiras na empresa.

Fonte: https://www.pexels.com/pt-br/

Neste diálogo é importante que o gestor consiga ouvir e prestar atenção no que o funcionário diz. Não apenas responder mentalmente ou ficar preocupado com o que vai dizer. O funcionário saberá se esta conversa é apenas uma formalidade ou se existe realmente a intenção em ser escutado.

CAPÍTULO 11

O TREINAMENTO DE PESSOAS EM SERVIÇOS

A IMPORTÂNCIA DO TREINAMENTO EM SERVIÇOS

Quando falamos de treinamento para o setor de serviços, a maioria deles dedica-se a explicar as habilidades técnicas necessárias para o desempenho do trabalho. Por exemplo, o manual do treinamento de um hotel costuma detalhar explicitamente como preencher os relatórios dos hóspedes e vestir-se apropriadamente para estar diante do cliente. Outros, reforçam as exigências de segurança; entretanto, habilidades importantes como a interação com os clientes, limitam-se, por vezes, a comentários sobre ser gentil e sorrir.

O investimento em treinamento dos funcionários de serviços pode render resultados notáveis. Os autores do livro "*Winning the Service Game*" (traduzido livremente como "Ganhando o Jogo do Serviço"), afirmam: "Combinar a busca de um conjunto de candidatos diversos e competentes por meio de técnicas eficazes para contratar os mais adequados daquele conjunto com treinamento exaustivo teria resultados extraordinários em qualquer mercado" (Schneider & Bowen, 2010, p. 131).

Vejamos no quadro seguinte quais são os itens mais importantes e que devem ser aprendidos pelos funcionários de serviço:

Quadro – Aprendizados para o funcionário de serviços

A cultura, o objetivo e a estratégia da organização. Não dê trégua aos novos contratados, concentre-se em despertar compromisso emocional com a estratégia principal da empresa e promova valores fundamentais, como compromisso com a excelência do serviço, responsividade, espírito de equipe e respeito mútuo, honestidade e integridade. Use gerentes para ensinar e focalize 'o quê', 'por quê' e 'como', em detrimento de aspectos específicos do trabalho. Os novos contratados da Disneylândia frequentam a 'Disney University Orientation', que começa com uma discussão detalhada da história e da filosofia da empresa, os padrões de serviço que se esperam dos membros do elenco e uma visita abrangente a suas operações.

Habilidades interpessoais e técnicas. Habilidades interpessoais tendem a ser genéricas para todos os cargos no setor de serviços e incluem habilidades de comunicação visual (fazer contato visual, ouvir com atenção, desenvolver linguagem corporal e até mesmo expressões faciais). Habilidades técnicas abrangem todo o conhecimento requerido relacionado com processos (por exemplo, como agir na devolução de mercadorias), máquinas (como operar o terminal ou a caixa registradora) e regras e regulamentos relacionados aos processos de serviços ao cliente. Ambas as habilidades são necessárias, mas nenhuma delas é, por si só, suficiente para o ótimo desempenho no trabalho.

Conhecimento de produto/serviço. Conhecer o produto é um aspecto fundamental da qualidade de serviço. Os profissionais da empresa devem saber explicar com eficiência as características do produto e também posicioná-lo corretamente.

Fonte: Lovelock, Wirtz e Hemzo (2011, p. 356).

O treinamento resulta em mudanças tangíveis no comportamento dos funcionários de serviços. Aprender não significa apenas aumentar o conhecimento em relação ao serviço, mas também mudar atitudes, comportamentos e aprimorar a tomada de decisão. Para isso é necessário prática e reforço. Se os funcionários não aplicarem o que aprenderam, o investimento será desperdiçado. Por meio do treinamento cada funcionário pode assimilar informações, aprender novas habilidades, desenvolver atitudes e comportamentos diferentes em relação ao trabalho, desenvolver conceitos abstratos e, sobretudo, construir competências individuais.

Além do treinamento, os gestores devem acompanhar regularmente os objetivos de aprendizagem de seus funcionários. Uma das formas de acompanhamento é reunir-se para reforçar as principais lições extraídas das reclamações e elogios recentes feitos pelos clientes.

Fonte: https://www.pexels.com/pt-br/

O treinamento frequente que possibilita o aprendizado aumenta a profissionalização dos funcionários da linha de frente. Além disso, contribui para o distanciamento da imagem comum de que os funcionários trabalham em serviços inferiores ou sem nenhum significado. Por exemplo, um garçom que conheça os ingredientes dos pratos servidos no restaurante, que entenda como são os processos da cozinha, que saiba os tipos de vinhos que harmonizam com cada prato, conheça regras de etiqueta e tenha habilidade para interagir com clientes de maneira eficaz, sente-se um profissional qualificado, reconhecido, que possui elevada autoestima e que é respeitado por seus clientes.

Nesse sentido, além dos benefícios de autoimagem e confiança, treinar os funcionários torna-se uma ferramenta bastante eficaz na redução do estresse causado pela atividade do pessoal da linha de frente em serviços.

TREINAMENTO X DESENVOLVIMENTO

Quando falamos de treinamento de funcionários, também estamos falando de desenvolvimento de pessoas. Embora sejam métodos parecidos relacionados à aprendizagem de pessoas, as perspectivas de tempo entre eles são diferentes. O treinamento é orientado para o presente, com foco no cargo atual. Visa melhorar as habilidades e competências relacionadas com o desempenho imediato da função.

No caso do desenvolvimento, seu foco é relacionado aos cargos que serão ocupados futuramente na empresa e se estende à carreira do funcionário com um foco no longo prazo. Visando prepará-lo para acompanhar as mudanças e o crescimento da empresa no futuro. Por isso, ele objetiva desenvolver as novas habilidades e competências que serão requeridas para uma possível nova função.

Em ambos os casos, no treinamento e no desenvolvimento, acontecem processos de aprendizagem. Assim, podemos compreender que no treinamento o aprendizado é, em geral, de curto prazo, e no desenvolvimento o aprendizado é, em geral, de longo prazo. A aprendizagem é uma mudança no comportamento da pessoa por meio da incorporação de novos hábitos, atitudes, conhecimentos e competências.

Figura – Tipos de mudanças de comportamento decorrentes do treinamento

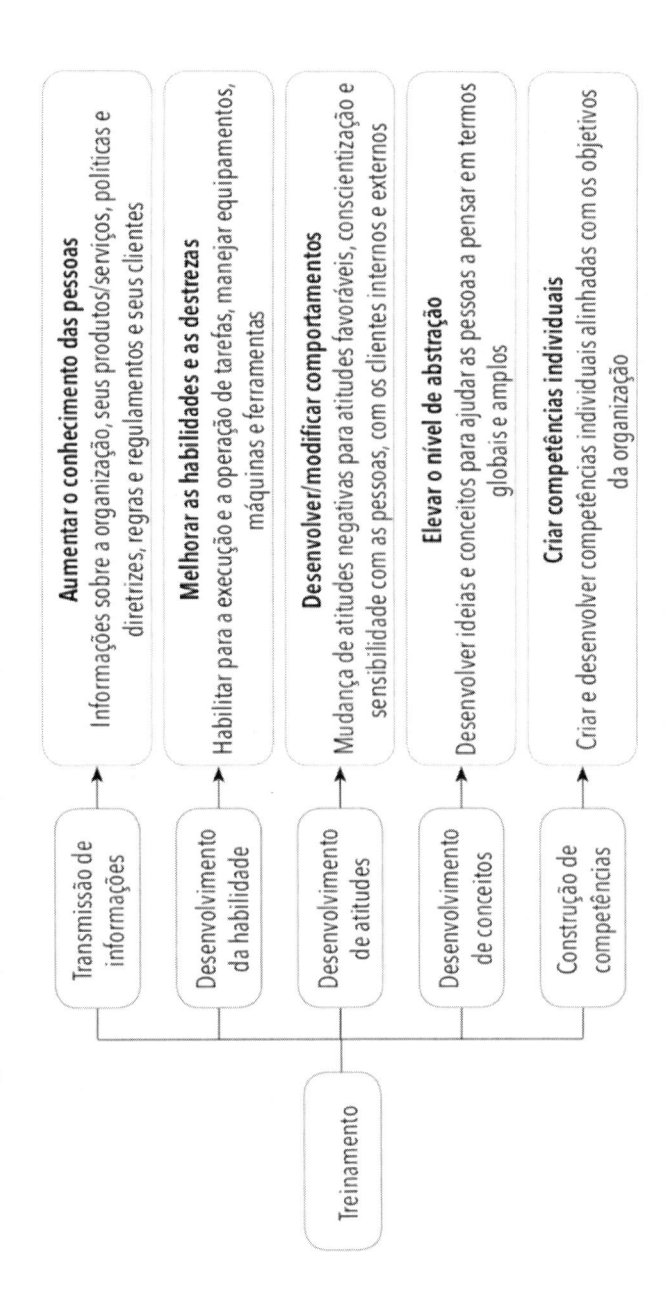

Treinamento

- Transmissão de informações → **Aumentar o conhecimento das pessoas**
Informações sobre a organização, seus produtos/serviços, políticas e diretrizes, regras e regulamentos e seus clientes

- Desenvolvimento da habilidade → **Melhorar as habilidades e as destrezas**
Habilitar para a execução e a operação de tarefas, manejar equipamentos, máquinas e ferramentas

- Desenvolvimento de atitudes → **Desenvolver/modificar comportamentos**
Mudança de atitudes negativas para atitudes favoráveis, conscientização e sensibilidade com as pessoas, com os clientes internos e externos

- Desenvolvimento de conceitos → **Elevar o nível de abstração**
Desenvolver ideias e conceitos para ajudar as pessoas a pensar em termos globais e amplos

- Construção de competências → **Criar competências individuais**
Criar e desenvolver competências individuais alinhadas com os objetivos da organização

Fonte: Chiavenato (2004, p. 311).

Por meio do treinamento e do desenvolvimento, cada funcionário terá a possibilidade de assimilar informações, aprender e desenvolver novas habilidades, atitudes e comportamentos diferentes. Além disso, poderá também desenvolver conceitos abstratos e, acima de tudo, poderá construir competências individuais. A Figura acima mostra esses cinco tipos de mudanças de comportamento adquiridos pelo treinamento.

PROCESSO DE TREINAMENTO

O treinamento dos funcionários é um processo cíclico e contínuo composto de quatro fases, conforme mostra a figura seguinte:

Figura – As quatro etapas do processo de treinamento

Fonte: Chiavenato (2004, p. 316).

- **Diagnóstico:** é a primeira etapa e consiste no levantamento das necessidades ou carências de treinamento a serem atendidas e satisfeitas.

- **Desenho:** é a etapa responsável pela elaboração do projeto ou do programa de treinamento para atender às necessidades diagnosticadas. Veremos no próximo tópico quais tipos de treinamento podem ser aplicados.

- **Implementação:** relaciona-se com a etapa de execução e condução do programa de treinamento.

- **Avaliação:** é a fase final, em que são verificados os resultados obtidos com o treinamento.

É muito comum que as empresas confundam o treinamento dos funcionários com uma simples questão de realizar cursos e proporcionar informação. Um bom treinamento é mais amplo do que isso! Significa atingir o nível de desempenho almejado pela empresa por meio do desenvolvimento contínuo das pessoas. Para tanto, atingir o ciclo do sucesso e realizar treinamentos com excelência, é preciso criar e desenvolver uma cultura interna favorável ao aprendizado e comprometida com as mudanças.

OS DIFERENTES TIPOS DE TREINAMENTO

Existem diversas maneiras de realizar um treinamento e capacitação de funcionários em empresas de serviços. Os treinamentos podem acontecer de forma presencial, à distância, voltado para a prática de uma determinada atividade, entre outros. Veremos 7 tipos de treinamentos que podem ser aplicados para capacitar os funcionários de uma empresa de serviços.

Treinamento presencial com a presença de um instrutor. Esse tipo de treinamento é parecido com uma sala de aula em que os alunos se acomodam em cadeiras e aguardam o instrutor abordar acerca de determinado assunto. Esse é o tipo de treinamento mais tradicional utilizado pelas empresas.

Fonte: https://br.freepik.com/

Para que este treinamento aconteça, é necessário que a empresa contrate um especialista no assunto ou que tenha a presença de um gestor especialista para conduzir o treinamento, que acontece em formato de palestra, apresentando o conteúdo presencialmente para os funcionários.

Orientação. É um tipo de treinamento bastante utilizado para novos funcionários na empresa. Ele ocorre nos primeiros dias do funcionário em sua nova função. Ele é importante, pois apresenta a cultura da empresa, os objetivos estratégicos, e informações relevantes sobre o cargo, departamentos e gestão.

Geralmente, são apresentados nesse treinamento informações, tais como: missão, visão e valores da empresa, a cultura corporativa, toda estrutura da empresa, uma descrição completa do que se espera do funcionário, bem como suas atribuições e obrigações.

Treinamento de *Onboarding*. É um tipo de treinamento desenvolvimento estrategicamente para permitir que novos funcionários obtenham sucesso em suas novas funções dentro de um período curto de adaptação.

Fonte: https://br.freepik.com/

Esse treinamento *onboarding* inicia já no primeiro dia de trabalho do novo colaborador e pode continuar durante todo seu primeiro ano na empresa. Ele é preparado, geralmente, pelos líderes das áreas e tem como foco o atingimento de metas e a conexão com os objetivos gerais da empresa. Neste tipo de treinamento é importante entender as necessidades dos novos funcionários e fornecer-lhes acesso fácil às informações e habilidades necessárias para que possam realizar seu trabalho com eficiência. Além disso, um treinamento do tipo *onboarding* deve ter como foco aspectos que vão além dos aspectos técnicos de um trabalho.

Treinamento para desenvolvimento de habilidades técnicas. Este tipo de treinamento é destinado para que os funcionários adquiram ferramental para realizarem suas atividades do dia a dia com qualidade e agilidade. Além disso, é direcionado para que cumpram suas metas e alcancem o melhoramento de processos diários de trabalho. Pense no seguinte exemplo: uma nova máquina foi adquirida para realizar os pagamentos dos consumidores. É necessário que os funcionários que trabalham com o recebimento estejam preparados tecnicamente para usá-la.

Os treinamentos de habilidades técnicas estão voltados para treinar um funcionário sobre como seu serviço deve ser executado, como os softwares e as máquinas funcionam e como são os processos de produção da empresa. Além disso, funcionários mais experientes também precisam ser treinados para que se mantenham atualizados.

Treinamento de desenvolvimento de *Soft Skills*. Além do treinamento focado em habilidades técnicas, as empresas também podem desenvolver as habilidades sociais, conhecidas também como *Soft Skill*. Estas habilidades devem ser desenvolvidas visando um ambiente com maior qualidade e harmonioso.

Esse tipo de treinamento envolve o desenvolvimento da capacidade de comunicação ágil e eficiente, a proatividade para a resolução de conflitos e problemas, capacitação para liderança e inteligência emocional e a cooperação entre os funcionários.

Treinamentos obrigatórios. A depender do setor de atuação da empresa, alguns tipos de treinamento são obrigatórios, como, por exemplo, sobre segurança do trabalho. Funcionários do setor alimentício precisam realizar treinamentos constantes sobre higiene e manuseio de alimentos. Funcionários do setor de saúde precisam realizar treinamentos obrigatórios sobre equipamentos de segurança e procedimentos para evitar contaminação por vírus e bactérias, e assim por diante.

Treinamentos à distância. Neste tipo de treinamento não é necessária a presença de um instrutor ou mediador durante todo o treinamento, pois o conteúdo ficará armazenado em algum *site* ou aplicativo da internet para que os funcionários tenham acesso. Os treinamentos à distância (EaD) geralmente são desenvolvidos em formato audiovisual e permitem que vídeos de apoio e material de leitura sejam incluídos para acompanhamento dos cursos. Além disso, uma vez que o treinamento é gravado, é possível utilizá-lo infinitas vezes (enquanto seu conteúdo for atual e relevante).

Leitura adicional: como obter o máximo dos programas de treinamento

1. Apoio e comprometimento da cúpula da organização: são indispensáveis, tal como ocorre nos programas de qualidade total.

3. A empresa deve criar um clima interno favorável ao treinamento: e à capacitação das pessoas para que novas habilidades sejam incentivadas, a criatividade e a inovação sejam privilegiadas e os novos conhecimentos valorizados. O ideal é uma cultura organizacional que valorize e realce o treinamento e dê oportunidades de colocar em prática novos conhecimentos e novas soluções. Mais: uma empresa que sempre cobra novos conhecimentos, novas posturas e novas soluções das pessoas

2. Relacionar a programação de treinamento com os objetivos estratégicos do negócio: se o objetivo é encantar o cliente, o primeiro passo é preparar os colaboradores no seu atendimento, na excelência do comportamento, na qualidade dos produtos/serviços, na preocupação em servir e agradar e, sobretudo, preparar toda a organização para que isso realmente aconteça.

4. Envolvimento da alta direção: significa que o programa é para valer. Se ficar somente nas mãos da gerência intermediária, o programa pode ficar derrapando.

Fonte: Chiavenato (2004, p. 330).

CAPÍTULO 12

A CONQUISTA DE CLIENTES EM SERVIÇOS

Você já se perguntou por quais razões existem clientes fiéis? Existem diversas razões para que um cliente desenvolva um relacionamento com uma empresa. No entanto, é importante saber que esses clientes são inerentemente fiéis. De todo modo, as empresas precisam dar-lhes um motivo para consolidar sua compra e manter esse relacionamento duradouro. Para isso, é importante que a empresa crie valor para tornar e manter seus clientes fiéis. Um bom relacionamento entre a empresa de serviço e seus consumidores pode criar valor por meio de fatores como inspiração de maior confiança, oferta de benefícios sociais e promoção de tratamento especial.

No entanto, nem sempre a empresa prestadora de serviço consegue atender as expectativas dos clientes. Além disso, por vezes, o serviço também não é executado da maneira correta ou ideal. Isso afeta a satisfação do consumidor e, consequentemente, a possibilidade de torná-lo um cliente fidelizado. Por isso, as empresas de serviços devem estar atentas aos seus processos e, principalmente, saber como agir em situações em que o cliente precisa ser recompensado e recuperado.

ATRAÇÃO DE CLIENTES

Uma empresa que deseja expandir seus lucros e suas vendas deve investir tempo e recursos para conquistar novos clientes. Para geração de *leads* (informações de clientes potenciais), é importante divulgar a marca por meios de comunicação que alcançarão novos consumidores. Além disso, a empresa deve enviar e-mails para potenciais clientes, incentivar a participação da equipe de vendas em feiras setoriais para encontrar novas possibilidades de venda, comprar cadastros de consumidores de empresas especializadas, participar ativamente nas redes sociais, e assim por diante. Uma das estratégias mais importantes para atrair novos consumidores é compreender quais são os critérios que os consumidores avaliam na hora de escolher por um produto ou serviço. Vamos abordar alguns destes critérios a seguir.

Disponibilidade: quão acessível o serviço é para os consumidores? O Itaú ficou conhecido pela expressão "30horas", em que soma as seis horas de funcionamento das agências que geralmente ficam abertas das 10h as 16h mais as 24 horas dos caixas eletrônicos, *site*, aplicativos e telefones da central de atendimento.

envie sua mensagem	ligue pra gente	encontre agências	acesse nosso facebook
Envie sua dúvida de forma rápida e prática.	Nossos telefones à sua disposição	Encontre o Itaú mais próximo de você.	Converse com a gente pelas redes sociais.

Fonte: www.itau.com.br

Além dos bancos, muitas outras empresas prestadoras de serviço possuem serviço de atendimento telefônico 0800 (discagem gratuita) com horário estendido, *chats* pelos *sites* e canais de atendimento nas redes sociais para facilitar o acesso a informações após o horário normal de funcionamento.

Conveniência: um dos pontos importantes para a empresa prestadora de serviço é sua localização, uma vez que os consumidores precisam se deslocar até lá. Por exemplo, postos de gasolina, restaurantes *fast-food* e lavanderias são exemplos de serviços que devem optar por estratégias vencedoras de localização, como, por exemplo, atuarem em ruas movimentadas para terem maior número de clientes. Como exemplo, lojas que possuem rede de franquias, como Boticário, Cacau Show e AmPm, conseguem atingir um número maior de consumidores por estarem presentes em diversos pontos da cidade.

Fonte: https://www.parkshoppingcampogrande.com.br/

Segundo a Associação Brasileira de Franchising (ABF), desde 2016 a rede de cosméticos O Boticário é considerada a maior rede de franquias do Brasil com mais de 3.724 lojas espalhadas pelo Brasil. Isso, certamente, gera um diferencial competitivo em relação a outras redes de cosméticos que estão em menor número, pois quando um consumidor procura por algum destes itens de cosméticos, encontrar uma loja com facilidade será um critério de escolha dele.

Confiabilidade: o cliente pode ficar tranquilo de que o serviço prestado é confiável? Uma reclamação muito comum sobre a manutenção de automóveis **é a incapacidade do prestador de serviço em solucionar o problema na primeira visita.**

A ANAC, órgão federal que regulamenta a aviação comercial, fiscaliza o cumprimento de horários das empresas aéreas, para garantir que estas cumpram os horários informados aos consumidores no ato da compra de suas passagens aéreas.

Fonte: https://epocanegocios.globo.com/amp/Empresa/
noticia/2020/06/epoca-negocios-azul-e-latam-anunciam-
compartilhamento-de-voos-e-acordo-de-programa-de-fidelidade.html

As empresas aéreas Latam Airlines Group e Azul Linhas Aéreas Brasileiras estão entre as 10 empresas mais pontuais do mundo, segundo a consultoria inglesa OAG. De acordo com a pesquisa realizada pela consultoria na edição de 2019, a Latam cumpriu o horário de decolagem em 85,60% dos seus voos e a Azul cumpriu 85,21%.

Personalização: a empresa trata seus consumidores como indivíduos únicos? Por exemplo, os hotéis perceberam que seus clientes ficam felizes ao serem cumprimentados pelos seus nomes. O grau de customização que a empresa de serviço permite, por menor que seja, poder ser percebido como um serviço mais personalizado.

Fonte: https://quatrorodas.abril.com.br/noticias/milagre-novos-mini-cooper-s-chegam-custando-menos-que-versoes-anteriores/amp/

A empresa fabricante do carro Mini Cooper é conhecida por permitir que os consumidores personalizem muitos itens dos seus carros. É possível personalizar faixas frontais e traseiras, os retrovisores, o envelopamento do teto entre outros itens. Possivelmente você já viu algum carro deste modelo nas ruas.

Preço: quando falamos em competição por preço no setor de serviços, encontramos dificuldades por causa da intangibilidade, ou seja, os consumidores possuem dificuldade de comparar os preços, valores e custos dos serviços de forma objetiva.

Serviços rotineiros, tais como troca de óleo, apresentam maior facilidade para comparação de custos. No entanto, em serviços profissionais como uma consulta médica ou um *personal trainer*, a competição em preço pode ser considerada prejudicial por ser vista como uma substituta da qualidade. Porém, empresas prestadoras de serviços que oferecem produtos como sua atividade final, possuem maiores possibilidades de atração de consumidores por preço. Temos como exemplo empresas do setor varejista com lojas de roupas, calçados, móveis, entre outros.

Fonte: https://oglobo.globo.com/economia/defesa-do-consumidor/
casas-bahia-o-site-com-mais-ofertas-irregularesdiz-procon-rj-
18907827?versao=amp

A rede varejista Casas Bahia é bastante conhecida por seu posicionamento pelo menor preço. Em suas propagandas na televisão e redes sociais é possível perceber inúmeras promoções e formas de pagamentos para atrair o consumidor para comprar produtos pelos menores preços.

Qualidade: uma função da relação entre as expectativas prévias dos clientes e as suas percepções durante e após a respectiva prestação do serviço é a qualidade dos serviços. Diferentemente da qualidade de um produto, que pode ser percebida de forma, em geral, mais concreta, a qualidade de um serviço é julgada pelo processo de prestação e pelos resultados.

Fonte: https://br.freepik.com/

Por exemplo, para um consumidor do serviço de academia, a qualidade pode estar relacionada com a quantidade de aparelhos presentes no local, ao passo que para outro, qualidade pode ser a atenção recebida pelo instrutor durante o treino.

Reputação: consumidores podem apresentar incerteza sobre a escolha por um prestador de serviços por insegurança sobre o resultado final. Isso, muitas vezes, é resolvido por meio de conversas com outras pessoas a respeito de suas experiências com aquele prestador.

A preocupação do consumidor é compreensível, uma vez que uma experiência ruim com um serviço não pode ser devolvida ou trocada por um modelo diferente, como acontece com um produto. Por isso, a propaganda boca a boca positiva sobre um serviço é a forma de publicidade mais eficaz.

Uma pesquisa realizada em 2019 pelo Monitor Empresarial de Reputação Corporativa (Merco), revelou que as empresas que possuem a melhor reputação no Brasil são: Natura Ambev, Itaú Unibanco, Grupo Boticário e Google, respectivamente. Isso significa que estas empresas possuem uma reputação de serem confiáveis, prestarem um serviço e entregarem produtos de boa qualidade para seus consumidores.

Fonte: https://br.pinterest.com/pin/491244271846844907/

Segurança: o bem-estar e a segurança são questões muito importantes, pois, em serviços como viagens aéreas e medicina, atuam diretamente com as vidas dos seus consumidores. Por isso, transmitir segurança para estes é fundamental para que possam ser considerados.

A Volvo é um conhecido exemplo de empresa que desenvolve carros para seus consumidores com foco na segurança. Por isso, posiciona seus veículos como os mais seguros disponíveis no mercado. Atualmente, a marca oferta segurança como um serviço para seus consumidores.

Figura – Volvo modelo Volvo OV4 – ano 1926

Fonte: https://www.ultimatespecs.com/br/carros-ficha-tecnica/Volvo/21762/Volvo-OV4-.html/amp

O início dessa reputação sobre segurança vem de 1926 quando um dos nove protótipos produzidos pela empresa se envolveu em um acidente com um carro produzido por uma marca norte-americana. O veículo americano ficou completamente destruído, enquanto o carro da Volvo sofreu alguns pequenos arranhões. Desde então, a empresa desenvolveu muitas inovações voltadas para a segurança.

Rapidez: por quanto tempo o consumidor deve esperar pelo serviço? Quando falamos de serviços de emergência, tais como combate aos incêndios e proteção policial, o tempo de resposta do prestador de serviço é o principal critério de desempenho considerado pelo consumidor.

Sobre outros serviços, o tempo de espera pode ser compensado com serviços personalizados ou taxas reduzidas. Por exemplo, uma pizzaria pode enviar um brinde ao consumidor pelo alto tempo de espera na entrega *delivery*.

Fonte: https://jaboatao.pe.gov.br/procon-jaboatao-fiscaliza-precos-da-black-friday-e-autua-lojas-em-centro-de-compras-em-piedade/

No município de Aracaju, em Sergipe, existe um limite máximo de espera de 20 minutos em filas de supermercados, conforme determinação da lei municipal n° 3.490/2007, ou seja, se um consumidor permanecer por mais de 20 minutos na fila do caixa, ele pode procurar o Procon (órgão de Proteção e Defesa do Consumidor que atua em âmbito estadual). Caso o supermercado não cumpra o tempo previsto em lei para o atendimento, a multa pode chegar a até R$1.200,00 na terceira ocorrência e ocasionar a suspensão do alvará de funcionamento, por um ano, após a quarta reincidência.

RETENÇÃO DE CLIENTES

Atrair novos clientes não é, infelizmente, o suficiente na boa gestão de serviços. A empresa também deve retê-los. Muitas empresas apresentam um alto *churn rate* de clientes (índice de abandono de clientes). Quando isso acontece, atrair novos clientes é como adicionar água a um balde furado.

Atualmente, os consumidores possuem facilidade e muitas possibilidades de trocar de prestadora de serviços com facilidade, pelo menos na maior parte dos setores. Nos Estados Unidos acontece um fenômeno chamado *"spinners"*, em que os consumidores trocam de operadora de telefonia celular e operadoras de TV a cabo pelo menos três vezes ao ano, em busca do melhor negócio. Essas empresas perdem cerca de 25% de seus assinantes a cada ano. Isso gera um prejuízo que varia entre US$ 2 bilhões a US$ 4 bilhões anualmente. Como fatores de insatisfação citados pelos clientes que trocam de operadora, estão as necessidades e expectativas não atendidas, a má qualidade e a alta complexidade do produto/serviço, além dos erros de faturamento.

DINÂMICA DE RETENÇÃO DE CLIENTES

A figura seguinte mostra as principais etapas do processo de atração e retenção de clientes ilustrado a partir de um funil, e também exemplos de afirmações para mensurar o seu progresso:

Figura – O funil de marketing

Fonte: Kotler, Keller e Yamamoto (2012, p. 147).

Esse funil ajuda a identificar a porcentagem do mercado-alvo potencial em cada fase do processo de decisão, partindo do cliente que é apenas consciente para o cliente que é altamente fiel. Até atingir a fidelidade, os consumidores devem passar por cada um dos estágios demonstrados na figura. O funil também reforça a importância de reter e cultivar os clientes já existentes, e não apenas atrair novos clientes. Os clientes satisfeitos formam o capital de relacionamento da empresa. Caso a empresa seja vendida, a adquirente paga não somente pela marca, instalações e equipamentos industriais, mas também pela base de clientes que aquela empresa possui, além da quantidade e do valor dos clientes que farão negócios com esta nova empresa.

CAPÍTULO 13

DESENVOLVENDO FIDELIDADE DE CLIENTES EM SERVIÇOS

Uma transação é um evento em que ocorre permuta de valor entre duas partes. Porém, uma série de transações não constitui, necessariamente, um relacionamento. Para que um relacionamento aconteça é necessário que exista reconhecimento e conhecimento mútuo.

Quando a transação entre um consumidor e uma empresa de serviço é, em essência, ocasional e anônima, não se mantém nenhum registro de longo prazo do histórico de compra. Nesses casos, o reconhecimento mútuo entre os consumidores e os funcionários é baixo, ou inexistente, e não se pode afirmar que exista marketing de relacionamento significativo, e sim, um Marketing transacional. Isso é válido para muitos serviços, desde transporte de passageiros e alimentação até a ida ao cinema, quando cada compra e utilização configura um evento separado (salvo exemplos como programas de fidelidade de redes de cinema).

O relacionamento com uma empresa de serviço inicia com a retenção de clientes. O ato de reter clientes é um processo importante para as empresas de serviços, pois quando as retenções são concretizadas elas possibilitam maiores margens de lucros, uma vez que conquistar novos consumidores custa muito mais caro para as empresas. O objetivo da retenção de clientes é a fidelidade, mas para isso, é importante que a empresa desenvolva um relacionamento com estes clientes.

MARKETING DE RELACIONAMENTO

O termo marketing de relacionamento é utilizado para descrever a atividade de marketing voltada para a criação de relacionamentos duradouros com clientes. O relacionamento entre empresa e clientes é mais próximo quando há interação face a face (ou interação por telefone, *site* e redes sociais). Entre essas interações podemos incluir as negociações e o compartilhamento de percepções de cada parte. Alguns exemplos desse tipo de relacionamento incluem as agências bancárias e os consultórios odontológicos, em que o prestador de serviços e o consumidor se conhecem e confiam um no outro.

No entanto, com o avanço da tecnologia, como os *sites* interativos e equipamentos de autosserviço, manter relacionamentos significativos com os clientes torna-se um grande desafio. As empresas de serviços mais sofisticadas encontram dificuldades em iniciar e manter relacionamentos com clientes por meio de centrais de atendimento, *sites* e outros canais de massa.

Fonte: https://br.freepik.com/

Como oportunidade, o uso da internet permite que as empresas de serviços substituam as práticas de massificação do mercado, em que os consumidores são tratados de forma unificada. A personalização de ações de marketing possibilita que o marketing de relacionamento seja direcionado para os clientes específicos, de acordo com seu perfil e necessidades.

Um elemento essencial, e atual, para aperfeiçoar o marketing de relacionamento é a tecnologia certa. Por exemplo, os avanços em software de banco de dados permite que as empresas orientem eficientemente seus e-mails para clientes diversos. A empresa de computadores Dell personaliza os pedidos de computador para seus clientes corporativos globais, por causa dos avanços em tecnologia Web. Desta forma, as empresas podem utilizar e-mail, *sites*, *call centers*, bancos de dados e software para gerenciar o relacionamento com seus clientes a fim de promover um contato permanente com eles.

As empresas de *e-commerce* adotam uma estratégia para atrair e reter clientes por meio da personalização da informação ao consumidor. Por exemplo, diversos *sites* oferecem aos visitantes a oportunidade de conversar com um representante de atendimento ao cliente por meio do *chat online*. Assim, essas empresas aumentam as possibilidades de que os compradores *online* fiquem tão satisfeitos com o serviço ao cliente da empresa quanto os que compram nas lojas físicas.

As empresas de serviços podem criar fortes laços com os clientes ao individualizar e personalizar relacionamentos. Empresas zelosas transformam parte de seus consumidores em clientes de longo prazo por meio do marketing de relacionamento. Os consumidores podem ser desconhecidos para a empresa, mas os clientes não. Os consumidores são atendidos como parte da massa ou como parte de segmentos maiores, enquanto os clientes são atendidos em bases individuais.

Para isso, as empresas utilizam os sistemas de gestão do relacionamento com clientes (CRM, do inglês, *Customer Relationship Management*). Existem sistemas complexos e caros de CRM que utilizam infraestruturas de tecnologia da informação (TI) como SAP e Siebel. No entanto, CRM significa todo o processo pelo qual são desenvolvidos e mantidos relacionamentos com os clientes, e não softwares específicos.

Muitas empresas têm um número de clientes alto (às vezes de milhões). Além disso, essas empresas possuem diversos pontos de contato (guichês, pessoal de atendimento, máquinas de autosserviço e *sites*) em várias localizações. Quando falamos em grandes empresas de serviço, é bastante improvável que um consumidor seja atendido pelo mesmo funcionário da linha de frente em duas visitas consecutivas. Para se adaptarem ao maior desejo de personalização dos clientes, as empresas de serviço têm adotado conceitos como **marketing de permissão** e **marketing one-to-one.**

O marketing de permissão é uma prática de marketing que pressupõe uma permissão expressa dos consumidores-alvo, ou seja, as empresas não podem mais simplesmente enviar comunicações via campanhas de mídia de massa. Ao invés disso, podem desenvolver relacionamentos mais sólidos com os consumidores, respeitando seus desejos e enviando-lhes mensagens somente quando eles expressam disposição por maior envolvimento com a marca. Um exemplo disso ocorre quando as empresas perguntam se você gostaria de receber e-mails ou mensagens com mais informações sobre determinado produto ou serviço.

O marketing *one-to-one* funciona melhor para empresas que costumam coletar uma grande quantidade de informações individuais dos clientes e comercializam uma grande quantidade de produtos que se prestam à venda cruzada, requerem substituição ou atualização periódicas e oferecem alto valor. O investimento necessário para a coleta de informações e para uso de hardware e software para processá-las pode exceder a compensação para a maioria das empresas prestadoras de serviços. De todo modo, existem quatro etapas do marketing *one-to-one*, que podem ser adaptadas ao CRM da seguinte forma:

1. **Identificar os clientes atuais e potenciais.** A empresa não deve ir atrás de todo mundo. Ela deve construir, manter e garimpar um rico banco de dados de clientes, com

informações advindas de todos os canais e pontos de contato com o cliente.

2. **Diferenciar os clientes em termos de (1) suas necessidades e de (2) seu valor para a empresa.** A empresa deve dedicar-se mais aos clientes mais valiosos. Uma forma de identificá-los é aplicar o método do custeio baseado em atividades e calcular o valor vitalício do cliente. Para isso é necessário fazer uma estimativa do valor presente líquido dos lucros futuros provenientes de compras, os níveis de margem e recomendações, subtraídos os custos específicos de atendimento ao cliente.

3. **Interagir com os clientes individualmente para melhorar o conhecimento sobre as necessidades de cada um e construir relacionamentos mais sólidos.** Para isso, a empresa deve desenvolver ofertas customizadas e comunicá-las de maneira personalizada.

4. **Customizar produtos e mensagens para cada cliente.** Os pontos de contato e o *site* da empresa podem ser utilizados para facilitar a interação com os clientes.

DESENVOLVENDO A FIDELIZAÇÃO DE CLIENTES

Muitas empresas de serviços podem cair no engano de que possuir um número alto de clientes significa possuir clientes fiéis. O volume de vendas de um serviço não pode ser utilizado como base para mensurar satisfação e fidelidade dos clientes. Isso ocorre porque muitos clientes consomem produtos e serviços por conveniência, por exemplo, como o consumo frequente de uma determinada pizzaria em decorrência do preço praticado, e não necessariamente por causa de uma grande qualidade capaz de realmente fidelizar o cliente. Por isso, conhecer o cliente torna-se a principal forma de verificar quais são os atributos relevantes para sua satisfação e fidelidade.

Tanto nas pequenas quanto nas grandes empresas prestadoras de serviços os clientes regulares são (ou deveriam ser) recebidos como frequentes, ou seja, terem suas necessidades e preferências lembradas. Manter registros das necessidades, preferências e comportamento de compra de clientes é importante para empresas de pequeno porte, o que inclusive evita a repetição de perguntas feitas aos clientes. Além disso, permite a personalização do serviço prestado e habilita a empresa a prever necessidades futuras. or exemplo, um salão de beleza pode desenvolver um cartão de cadastro para cada cliente. Nesse cartão estão as informações básicas como nome e data de aniversário, informações sobre datas de visitas ao salão, procedimentos realizados, cores de tintas e esmaltes utilizados, entre outras informações. Desta forma, quando o cliente retornar não será necessário perguntar qual o tom de esmalte ou tintura que utilizou em sua última visita.

Outra estratégia muito utilizada é o programa de fidelidade, que possibilita à empresa conhecer seus clientes atuais e capturar suas transações e preferências. É uma informação valiosa para a entrega de serviço, para customização e personalização, e para fins de segmentação de mercado. Empresas como companhias aéreas e operadoras de cartão de crédito utilizam programas de fidelidade com recompensas para incentivar seus clientes mais fiéis. Como exemplos temos o programa de milhagens Multiplus da Latam, o Sempre Presente do Itáu e o Surprenda da Mastercard.

Fonte: https://www.vidadeturista.com/planos-de-fidelidade/planos-de-fidelidades-e-programas-de-relacionamento.html

Além de usar os programas de fidelidade, a empresa pode vender um serviço em quantidades maiores, como, por exemplo, a assinatura para uma temporada de teatro em detrimento de um único ingresso para um dia de exibição, ou um bilhete mensal para transporte público. Essa estratégia pode transformar transações descontínuas em relacionamentos de associação com os clientes.

A RODA DA FIDELIDADE

Desenvolver fidelidade nos clientes não é uma tarefa fácil para as empresas de serviço. Faça o exercício de imaginar a quais empresas de serviços você é fiel. Existe alguma? Uma única ou várias? A maioria das pessoas não consegue pensar em mais do que algumas poucas empresas das quais gosta de verdade e com as quais se comprometa a voltar. A partir desta simples reflexão é possível percebermos que, embora as empresas invistam muito dinheiro e esforço em ações de fidelidade, nem sempre alcançam resultados satisfatórios na formação de uma genuína fidelidade de cliente.

A Roda da Fidelidade mostrada na figura seguinte apresenta uma estrutura de organização para refletir sobre como desenvolver a fidelidade em clientes. Para isso, ela compreende três estratégias sequenciais.

1. **Construa uma base para a fidelidade.** A empresa precisa de uma base sólida para criação de fidelidade de clientes, que inclua visar o portfólio de segmentos de cliente, atrair os clientes certos, categorizar o serviço e gerar altos níveis de satisfação.

2. **Crie vínculos de fidelidade.** Para desenvolver fidelidade, a empresa deve criar vínculos estreitos com seus clientes, visando aprofundar o relacionamento por meio de vendas cruzadas e pacotes conjugados de serviços ou agreguem valor por meio de recompensas à fidelidade e vínculos mais estreitos.

Figura – Roda da Fidelidade

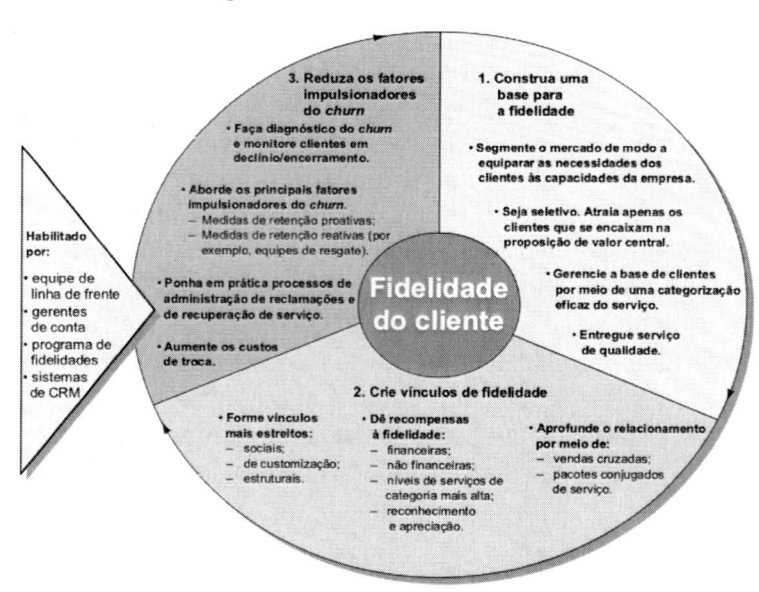

Fonte: Lovelock, Wirtz e Hemzo (2011, p. 387).

3. **Reduza os impactos impulsionadores de *churn*.** A empresa deve identificar e eliminar fatores que resultem no *churn rate*, a perda de clientes pelo desgaste do relacionamento leva à necessidade de substituí-los por novos. A seguir trataremos de cada componente da Roda da Fidelidade.

CONSTRUINDO UMA BASE PARA A FIDELIDADE

O gerenciamento da fidelidade de clientes inicia a partir de uma boa segmentação do mercado para equiparar as necessidades dos clientes às da empresa, ou seja, para identificar e visar os clientes certos. A empresa deve se fazer uma pergunta: "A quem devemos atender?"

Para construir relacionamentos bem-sucedidos com clientes, as empresas de serviços precisam manter o foco na aquisição de clientes que se encaixem na sua proposição de valor central. Para isso, a empresa deve ter em mente como o cliente precisa se relacionar com elementos operacionais, como rapidez e qualidade, com os horários em que o serviço está disponível, com a capacidade da empresa para atender muitos clientes simultaneamente, além dos aspectos físicos e da aparência das instalações de serviço. Como resultado desta cuidadosa escolha de clientes-alvo com base no ajuste das capacidades e forças da empresa às necessidades dos clientes, a empresa deve ofertar um serviço superior aos olhos dos clientes que valorizam o que é oferecido.

GERENCIAMENTO DA BASE DE CLIENTES POR MEIO DE UMA BOA CATEGORIZAÇÃO DE SERVIÇO EM CLASSES

Muitas empresas de serviços possuem como objetivo das ações de fidelização o número de clientes atendidos, entretanto, dão pouca atenção ao valor de cada um destes clientes conquistados. Por essa razão, as empresas de serviço devem adotar uma abordagem estratégica para retenção, mudança para classe superior (*upgrade*) e mesmo fim de relacionamento com clientes. Essa classificação pode ser feita a partir da classe de lucratividade dos clientes, pois as expectativas e necessidades dessas classes costumam ser bastante diferentes.

As categorias de serviço podem ser desenvolvidas conforme vários níveis de contribuição ao lucro, diferentes necessidades e perfis pessoais identificáveis, como os demográficos. A figura abaixo ilustra esse princípio por meio de uma pirâmide de quatro níveis e o quadro seguinte apresenta as explicações de cada categoria:

Figura – A pirâmide do cliente

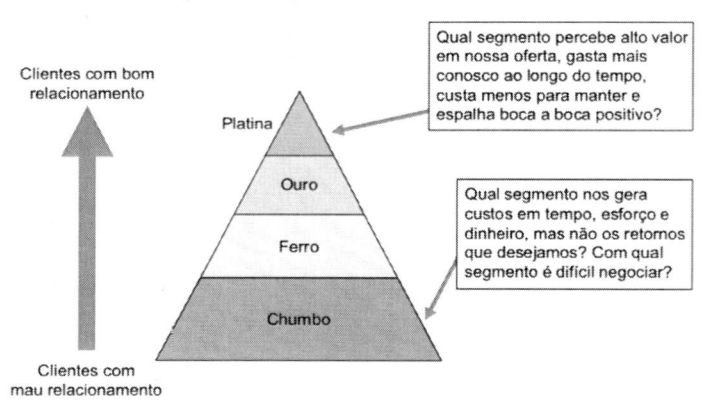

Fonte: Lovelock, Wirtz e Hemzo (2011, p. 392).

Quadro – Níveis de clientes

Platina	Constituem uma porcentagem muito pequena da base de clientes de uma empresa. São grandes usuários e contribuem muito com os lucros gerados. A menor sensibilidade ao preço é sua característica, porém, em troca, espera níveis superiores de serviço e mostra-se mais disposto a experimentar e a investir em novos serviços.
Ouro	A classe tem uma porcentagem maior de clientes do que a platina, mas seus clientes individuais contribuem menos para o lucro realizado do que os da primeira categoria. Eles tendem a ser um pouco mais sensíveis ao preço e menos comprometidos com a empresa.
Ferro	Formam a maior parte da base de clientes. Como seu grande número proporciona economias de escala à empresa, são importantes para a manutenção de certo nível de capacidade e infraestrutura necessários para atender clientes das classes ouro e platina. Contudo, por si sós, eles costumam ser apenas marginalmente lucrativos. Seu nível de negócios não é bastante substancial para merecer tratamento especial.
Chumbo	Tendem a gerar baixas receitas de serviço, mas ainda assim costumam exigir o mesmo nível de serviço que os da categoria ferro; isso os transforma em um segmento que, do ponto de vista da empresa, gera prejuízos.

Fonte: Lovelock, Wirtz & Hemzo (2011, p. 392).

É importante ressaltarmos que as características da categorização de clientes variam, de acordo com o tipo de negócio e até de empresa. Em geral, essas classes de clientes são baseadas em lucratividade e em necessidades de serviços. Ao invés de prestar o serviço de forma igual para todos os clientes, cada segmento recebe um nível customizado, com base em seus requisitos e em seu valor para a empresa. Assim os benefícios extras são oferecidos aos melhores clientes, de forma seletiva. Nesse processo, é comum que a empresa exclua alguns clientes em decorrência da concepção lógica de que nem sempre vale a pena conservar todos os clientes. Isso porque alguns deles deixam de ser lucrativos para a empresa, pois sua manutenção pode custar mais do que as receitas geradas por eles.

Isso pode ocorrer por um relacionamento desgastado por fatores pessoais ou incidentes específicos, ou por clientes que mudam a política de compra e criam novos padrões que a empresa ainda não atende, ou quando o cliente altera sua demanda em função de deslocamentos da região de atuação, mudança de tecnologia ou de setor de atividade. Os exemplos de clientes dispensados incluem alunos que colam em exames ou sócios de clubes que fazem uso abusivo das instalações ou importunam outras pessoas. Existem casos em que o prestador de serviço entende que aquele cliente não se ajusta mais às prioridades corporativas e acaba por repassar aquele cliente para outras empresas, como acontece com bancos ou empresas de plano de saúde. Nesses casos, a empresa precisa fazer considerações éticas e jurídicas para tomar tais medidas. Por exemplo, um banco pode instituir uma taxa mínima mensal para contas com baixo saldo, mas por questões de responsabilidade social pode aboná-la para clientes aposentados.

CRIE VÍNCULOS DE FIDELIDADE

A verdadeira base da fidelidade está na satisfação do cliente, por isso a qualidade de serviço é um componente fundamental neste processo. Quando um cliente está muito satisfeito tem mais probabilidade de ser defensor leal da empresa, consolidar compras com um prestador de serviço e disseminar o boca a boca positivo. Opostamente, a insatisfação afasta o cliente e é fator fundamental de mudança de comportamento.

A relação satisfação e fidelidade pode ser dividida em três zonas: deserção, indiferença e afeição (conforme figura a seguir). A *zona de deserção* encontra-se nos níveis baixos de satisfação. Nesses casos, os clientes trocarão de prestador de serviço, a menos que os custos de troca sejam altos, ou que não haja nenhuma alternativa viável ou conveniente. Por exemplo, quando existem multas para cancelar uma assinatura de TV a cabo ou quando não existem outros médicos que atendam determinada especialidade na região ou data que o consumidor necessita.

Figura – A relação satisfação/fidelidade do cliente

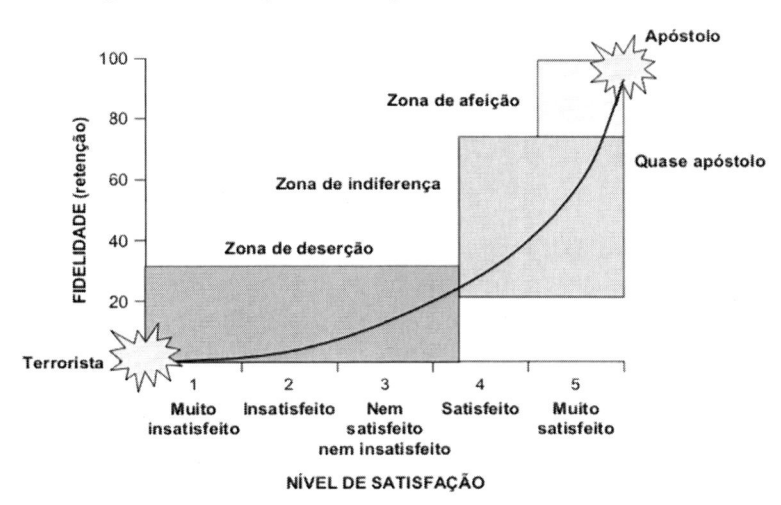

Fonte: Lovelock, Wirtz e Hemzo (2011, p. 395).

Quando o cliente está muito insatisfeito pode tornar-se "terrorista" e espalhar boca a boca negativo sobre a prestadora de serviço, causando impactos negativos para a reputação da marca.

A *zona de indiferença* está nos níveis intermediários de satisfação. Os clientes nessa região estão dispostos a trocar de fornecedor caso encontrem uma alternativa melhor. Por exemplo, um consumidor que opta por trocar de academia no seu bairro porque recebeu uma oferta de desconto nos três primeiros meses.

A *zona de afeição* encontra-se em níveis de satisfação muito elevados e, nesse ponto, a fidelidade pode ser tão elevada que o cliente não procura outros prestadores de serviço. Nesse nível, os clientes podem elogiar a empresa em público e até indicá-la para outros. Eles são descritos como "apóstolos". Por exemplo, uma cliente ficou muito satisfeita com o serviço de uma clínica de massagem, por isso decidiu comprar um pacote de um ano de serviços, fez um *post* nas redes sociais marcando a clínica e falando sobre como ficou satisfeita com o serviço, além disso, acessou o *site* e avaliou aquele prestador de serviço como 5 estrelas (nível máximo de satisfação).

REDUZA OS FATOS IMPULSIONADORES DE *CHURN*

É importante que a empresa de serviços lide com algumas situações que são impulsionadoras de *churn*. Por exemplo, em serviços de telefonia celular, a substituição de equipamentos torna-se uma razão comum para que os assinantes interrompam um plano e migrem para outro que, em geral, vem acompanhado de um aparelho cujo preço é muito subsidiado.

Figura – O que leva clientes a abandonar uma empresa de serviço?

Fonte: Lovelock, Wirtz e Hemzo (2011, p. 403).

Um exemplo de empresa de serviço que lidou de forma eficaz com o *churn* é a rede paranaense de clínicas odontológicas Ortodontic Center. No ano de 2009 a clínica faturou cerca de 14 milhões de reais, mas tinha problemas com clientes que desistiam de tratamentos. Por isso, como estratégia de manter seus clientes, ofereceu uma bicicleta nova, de 18 marchas, a todos os clientes que ultrapassaram 30 meses de tratamento e pagaram suas prestações em dia.

Como resultado, já foram distribuídas mais de 20 bicicletas, e a permanência média nos tratamentos aumentou de 18 para 26 meses. Além disso, para outros tratamentos mais curtos, o programa de brindes oferece incentivos como bonés, mochilas e perfumes.

CAPÍTULO 14

LIDANDO COM AS RECLAMAÇÕES DOS CLIENTES EM SERVIÇOS

O COMPORTAMENTO DE RECLAMAÇÃO DO CLIENTE

A primeira lei da produtividade e qualidade de serviço poderia ser: faça certo da primeira vez, pois você não terá duas oportunidades de causar uma boa primeira impressão. Mas, infelizmente, sabemos que muitas falhas continuam a ocorrer, às vezes por razões fora do controle da organização, como quando fortes chuvas afetam o fornecimento de energa elétrica ou de internet.

As características distintivas de serviços, como a simultaneidade, aumentam a probabilidade de falhas de serviço. No entanto, o modo como a empresa lida com as reclamações e resolve os problemas pode determinar se ela fideliza seus clientes ou se os perde para a concorrência.

OPÇÕES DE REAÇÃO DO CLIENTE ÀS FALHAS DE SERVIÇO

Provalmente você já deve ter ficado insatisfeito com algum serviço. Como você reagiu a essa insatisfação? Você fez uma reclamação informal a um funcionário, pediu para falar com o gerente ou registrou uma reclamação? Ou então, você apenas resmungou consigo mesmo, comentou com amigos ou familiares e escolheu outro fornecedor quando precisou de um serviço semelhante? Se você não reclamou de um serviço ruim, saiba que você, obviamente, não está sozinho. A maioria das pessoas não reclama de um serviço, principalmente se achar que a reclamação não surtirá nenhum efeito.

Ignorando ou desconhecendo essa informação, muitas empresas de serviço ainda acreditam que, se o cliente não reclama, seu serviço está satisfatório. Este é um grave engano! Às vezes o cliente está quieto, apenas aguardando uma oportunidade para mudar para o concorrente. A figura seguinte mostra as ações que um cliente pode tomar em resposta a uma falha de serviço:

Figura – Categorias de reação de clientes a falhas de serviço

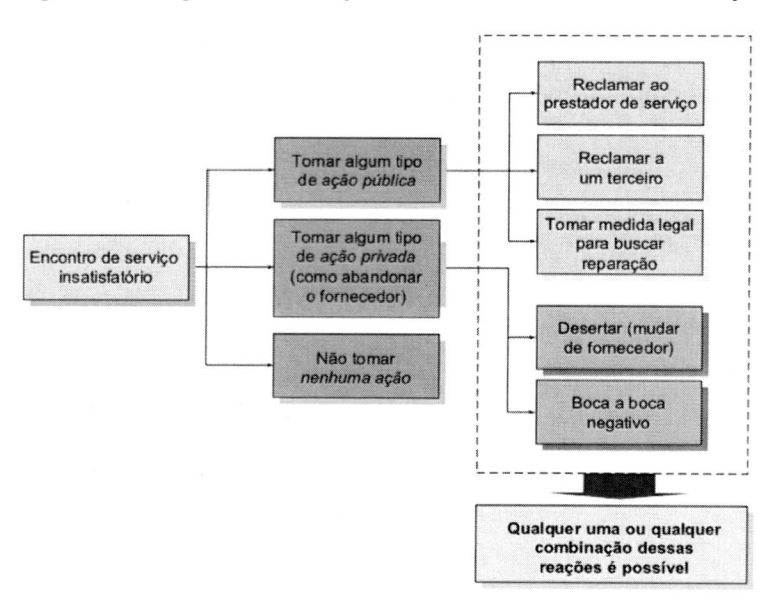

Fonte: Lovelock, Wirtz e Hemzo (2011, p. 417).

O cliente pode seguir qualquer uma das alternativas ou uma combinação delas. As empresas de serviço precisam estar cientes que o impacto de um abandono pode ir muito além da perda do fluxo de receita futura gerado por aquela pessoa. Isto porque clientes insatisfeitos e irritados costumam contar seus problemas a muitas outras pessoas. Atualmente, a Internet permite que consumidores contrariados alcancem milhares de pessoas ao publicar reclamações em *sites* especializados como o Reclame Aqui, ou, ainda, nas redes sociais. Para saber mais sobre isso leia o caso *United Breaks Guitars* abaixo:

Conheça a História de Dave Carroll – United Breaks Guitars

Quando o violão Gibson valendo US$ 3 mil do cantor canadense Dave Carroll sofreu danos de US$ 1.200 em um voo da United Airlines, ele canalizou sua energia criativa para uma boa causa. Criou uma sequência de vídeos bem-humorados, *"United breaks guitars"* ("A United quebra violões"), e lançou-o no YouTube com o refrão capcioso a seguir: *"United, você quebrou meu violão Taylor. United, que grande amigo você é. Você quebrou, você tem que consertar. Você é responsável, admita isso. Eu deveria ter voado com outra companhia ou ido de carro porque a United quebra violões".* Em uma trilogia de vídeos, Dave e seus companheiros mostram seus esforços frustrantes para fazer com que a United pagasse pelos danos. Após toda repercussão a United captou a mensagem. Ela doou US$ 1.200 para uma instituição de caridade indicada por Carroll e agora usa o incidente para treinar os funcionários que lidam com as bagagens e os representantes de atendimento ao cliente.

Fonte: Kotler, Keller e Yamamoto (2012, p. 388-389).

ENTENDENDO O COMPORTAMENTO DE RECLAMAÇÃO DO CLIENTE

Para conseguir lidar de maneira eficaz com insatisfação de clientes, as empresas de serviço precisam entender quais são os aspectos fundamentais do comportamento de reclamação, começando por algumas perguntas:

Por que os clientes reclamam?

Estudos relacionados com o comportamento de reclamação de consumidores identificaram quatro finalidades principais, expressas na tabela seguinte:

Tabela – Por que os clientes reclamam?

1. Obter restituição ou compensação. Muitas vezes, consumidores reclamam para recuperar algum prejuízo econômico por meio de reembolso ou compensação e/ou para que o serviço seja executado novamente.
2. Dar vazão à raiva. Alguns clientes reclamam para recuperar a autoestima e/ou dar vazão à raiva e à frustração. Quando processos são burocráticos e irracionais ou quando funcionários são rudes, intimidantes ou descuidados, a autoestima, o senso de valor próprio e o senso de justiça dos clientes podem ser afetados de modo negativo. Eles podem ficar irritados e agir com a emoção.
3. Ajudar a melhorar o serviço. Quando estão muito envolvidos com um serviço (por exemplo, uma universidade, uma associação de ex-alunos ou o banco com o qual costumam trabalhar), os clientes dão retorno para tentar contribuir para a melhoria do serviço. Eles são motivados pela perspectiva de obter melhor serviço no futuro.
4. Por razões altruístas. Alguns clientes querem evitar que outros tenham os mesmos problemas e se sentirão mal se não apontarem um problema que causará dificuldades a outras pessoas.

Fonte: Lovelock, Wirtz e Hemzo (2011, p. 417-418).

Qual é a proporção de clientes insatisfeitos que reclamam?

Pesquisas mostram que, em média, somente 5 a 10% dos clientes insatisfeitos com um serviço reclamam. No entanto, embora apenas uma minoria de clientes insatisfeitos reclame, os consumidores estão tornando-se cada vez mais informados, autoconfiantes e assertivos, quando se trata de buscar resultados satisfatórios para suas reclamações.

Por que clientes descontentes não reclamam?

Segundo a *TARP Worldwide*, empresa especializada em satisfação de clientes e medição, alguns clientes não querem perder tempo escrevendo, preenchendo um formulário ou telefonando para o prestador de serviço, principalmente se não consideram o serviço importante o bastante para merecer o esforço.

Além disso, muitos clientes consideram que o retorno financeiro de suas queixas é incerto e que ninguém estaria preocupado com seus problemas ou disposto a resolvê-los. Existem casos em que os clientes não sabem onde reclamar, nem o que fazer em relação ao seu descontentamento. Há, também, consumidores que acham desagradável reclamar. Eles temem o confronto, especialmente se conhecerem o prestador de serviço e tiverem que tratar com ele novamente, como, por exemplo, na padaria ou na banca de jornal do bairro.

Quem tende mais a reclamar?

Algumas pesquisas sugerem que pessoas em condições socioeconômicos privilegiadas tendem a reclamar mais do que os demais clientes. Isso porque sua renda mais elevada e o maior envolvimento social traz, em geral, maior confianças para estes clientes, além de maior conhecimento para falar abertamente quando encontram problemas. É possível, também, que este grupo crie, em geral, expectativas maiores sobre os serviços dos quais são clientes. No entanto, se você conversar com motoristas de aplicativo, vai ouvi-los reclamando que passageiros de menor poder aquisitivo são os que atribuem as menores notas de avaliação. Isso ocorre porque estes consumidores, por utilizarem o serviço com menos frequência, possuem grandes expectativas (muitas vezes irrealistas) sobre o serviço a ser recebido. Devemos, então, verificar caso a caso, e generalizações aqui podem ser perigosas.

Onde os clientes reclamam?

A maioria das reclamações geralmente é feita no local em que o serviço foi recebido. Além disso, clientes tendem a usar canais não interativos (e-mails ou formulários na internet) quando desejam expressar raiva e frustração, e utilizam canais interativos (contato pessoal ou por telefone) quando querem que o problema seja solucionado ou reparado.

EXPECTATIVAS DO CLIENTE EM RELAÇÃO A SUAS RECLAMAÇÕES

Quando uma falha de serviço acontece, os consumidores esperam uma compensação adequada e justa. No entanto, nem sempre os clientes acham que foram tratados com justiça e que receberam o que era certo. Geralmente, quando isso acontece, suas reações tendem a ser imediatas, emocionais e duradouras. As empresas devem levar em conta que o conceito de justiça, para o cliente, tem diferentes aspectos. A figura abaixo mostra que a satisfação com uma recuperação de um serviço é influenciada por três dimensões de justiça:

Figura – Três dimensões da justiça percebida nos processos de recuperação de serviço

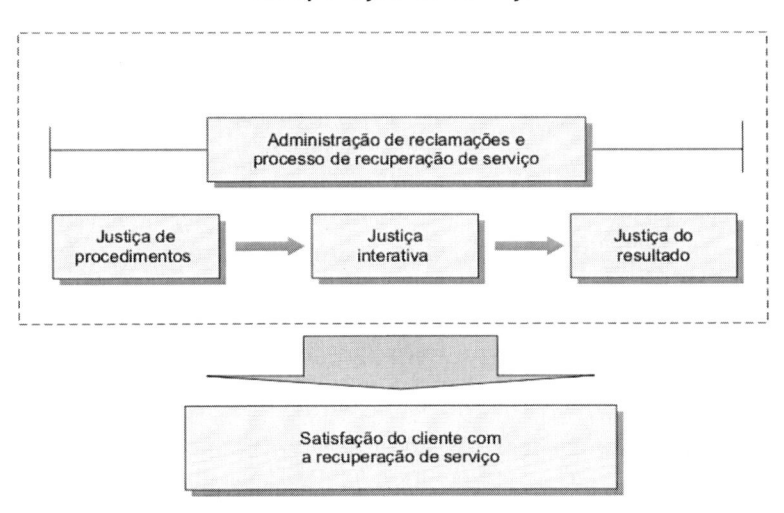

Fonte: Lovelock, Wirtz e Hemzo (2011, p. 420).

Justiça de procedimentos. Está relacionada com as políticas e regras que o consumidor terá de seguir para buscar a justiça. Eles esperam que a empresa assuma a responsabilidade pelo erro na prestação do serviço. Esse é o ponto fundamental para o início de um procedimento justo, seguido de um processo de recuperação conveniente e responsivo. **Aqui os processos devem ser justos.**

Justiça interativa. Envolve os funcionários da empresa que executam a recuperação de serviço e seu comportamento em relação ao consumidor. É muito importante explicar a falha e esforçar-se para resolver o problema. Entretando, o esforço de recuperação deve ser percebido como autêntico, honesto e cortês. **Aqui o relacionamento deve ser justo.**

Justiça do resultado. Refere-se à compensação que um consumidor recebe como resultado dos prejuízos e das inconveniências que sofreu por causa da falha de serviço. Isso inclui compensação não apenas pela falha, mas também por tempo, esforço e energia despendidos durante o processo de recuperação de serviço. **Aqui o resultado deve ser justo.**

O PARADOXO DA RECUPERAÇÃO DE SERVIÇO

Consumidores que tiveram uma falha de serviço resolvida de modo satisfatório muitas vezes estão mais satisfeitos do que outros que não tiveram nenhum problema. Por exemplo, o atraso do prato principal em um restaurante, pode ser muito bem compensado com uma deliciosa sobremesa cortesia.

Mas, o fato de um cliente sair encantado de uma recuperação de serviço, muitas vezes, depende da gravidade e da condição de recuperação da falha. Não é possível oferecer uma compensação adequada que restaure a satisfação em alguns casos. Por exemplo, não é possível recuperar fotos de um casamento que não ficaram boas, ou um feriado arruinado ou, ainda, um ferimento causado por algum equipamento de serviço. Nesses exemplos, é difícil imaginar que o consumidor fique feliz, mesmo que tenha sido realizado um serviço de recuperação.

Quando o serviço é recuperado de modo que permita a entrega de um produto superior, é possível que o consumidor fique encantado. Por exemplo, quando um hotel falhou na reserva de um quarto, e a recuperação é uma suíte de classe superior. Nesses casos, é até provável que o consumidor torça para que o hotel cometa esse "erro" novamente no futuro.

PRINCÍPIOS DE SISTEMAS EFICAZES DE RECUPERAÇÃO DE SERVIÇOS

As empresas de serviço precisam desenvolver procedimentos eficazes para a recuperação de serviço após experiências insatisfatórias. Infelizmente muitas ações de recuperação de serviço fracassam e algumas das causas mais comuns para isso são apresentadas no tabela seguinte:

Tabela – Erros mais comuns de recuperação de serviço

Gerentes não levam em conta evidências de como a recuperação de serviço gera significativo retorno financeiro. Nos anos recentes, muitas organizações focaram a redução de custos, negligenciando a retenção dos clientes mais lucrativos. Além disso, elas também perderam de vista a necessidade de respeitar todos os clientes. Muitas empresas ainda priorizam a resolução de seus problemas, antes dos de seus clientes.
Empresas não investem o suficiente em ações que evitariam problemas de serviço. O ideal é que os responsáveis pelo planejamento de serviços tratem potenciais problemas antes que eles ocorram. Embora medidas preventivas não eliminem a necessidade de bons sistemas de recuperação de serviço, elas reduzem consideravelmente a carga sobre a equipe de linha de frente e o sistema de recuperação de serviço como um todo. As empresas precisam deixar de ver a recuperação de serviços como uma despesa e passar a entendê-la como uma fonte de receita futura.
Funcionários de atendimento ao cliente não exibem boas atitudes. Os três fatores mais importantes na recuperação de serviços são atitude, atitude e atitude. Por mais bem estruturado e planejado que seja um sistema de recuperação de serviço, ele não funcionará bem sem a atitude cordial e proverbial de ter sempre um sorriso nos lábios por parte dos funcionários de linha de frente. As empresas precisam desenvolver uma cultura corporativa que garanta e incentive seus funcionários a entender e buscar soluções para seus clientes.
Organizações dificultam que os clientes façam reclamações ou deem *feedback*. Embora alguma melhoria possa ser notada, como no caso de hotéis e restaurantes que oferecem cartões para registro de opiniões, pouco se faz para comunicar simplicidade e valor aos clientes. Uma pesquisa revelou que uma grande parcela de clientes desconhece a existência de um adequado sistema de *feedback* que poderia ajudá-los a ter seus problemas solucionados. O cliente que reclama está dando seu tempo e experiência para a empresa, por meio de seu depoimento de uma falha, e demonstra que acredita que a empresa pode resolvê-la. Ele deve ser tratado com respeito e ter sua reclamação facilitada.

Fonte: Lovelock, Wirtz e Hemzo (2011, p. 422-423).

Vamos ver três diretrizes para a recuperação de um serviço: (1) facilitar o *feedback* de consumidores; (2) habilitar a recuperação eficaz de serviço; (3) determinar níveis de compensação adequados.

FACILITAR O FEEDBACK DE CLIENTES

É muito importante que a empresa prestadora de serviço incentive os consumidores a reclamar, pois como vimos, existem muitas barreiras que levam os consumidores a não registrarem suas impressões sobre o serviço. Como os gerentes podem vencer a relutância de seus clientes insatisfeitos a reclamar de falhas de serviço? A melhor maneira é atacar diretamente as razões de relutância. O quadro seguinte apresenta uma visão geral de providências a serem adotadas para superar essas razões:

Quadro – Estratégias para reduzir barreiras às reclamações de clientes

Barreiras às reclamações de clientes insatisfeitos	Estratégias para reduzir essas barreiras
Inconveniência > Difícil saber qual é o procedimento correto para fazer reclamações. > Esforço, por exemplo, para escrever e enviar uma carta pelo correio.	O feedback deve ser fácil e conveniente: > Imprima números de linhas telefônicas exclusivas e endereços postais e de e-mail em todos os materiais de comunicação com clientes (cartas, notas fiscais, folhetos, site, lista telefônica, páginas amarelas etc.).
Compensa dar retorno? > Incerteza de que a empresa tomará alguma providência (ou qual será a providência) para atacar o assunto que deixou o cliente insatisfeito.	Tranquilize os clientes, garantindo que seu retorno será levado a sério e que valerá a pena: > Implemente procedimentos de recuperação de serviço e comunique isso aos clientes, por exemplo, em boletins informativos e sites. > Divulgue melhorias de serviço que resultaram de retornos de clientes.
Aborrecimento > Medo de ser tratado com descortesia. > Receio de ser maltratado. > Sensação de constrangimento	Transforme o retorno em uma experiência positiva: > Agradeça aos clientes pelo feedback (pode ser feito em público e, em geral, dirigindo-se a toda a base de clientes). > Treine a linha de frente para que trate bem o cliente e faça com que ele se sinta à vontade. > Permita retorno anônimo.

Fonte: Lovelock, Wirtz e Hemzo (2011, p. 424).

Muitas empresas de serviços conseguiram melhorar seus procedimentos de coleta de reclamações por meio de linhas telefônicas exclusivas e links em seus *sites* ou redes sociais destinadas para essa finalidade. Algumas empresas divulgam em seus boletins informativos dirigidos aos clientes as melhorias de serviço que resultaram diretamente do retorno do cliente sob o título "Você informou, nós agimos".

HABILITAR A RECUPERAÇÃO EFICAZ DE SERVIÇO

Quando a empresa de serviço precisa recuperar falhas de serviço, é necessário que ela utilize mais do que expressões respeitosas de intenção para resolver problemas que possam ocorrer. Ela deve se comprometer, planejar e possuir diretrizes claras para que isso não aconteça mais. Os procedimentos eficazes de recuperação de serviço devem ser (1) proativos, (2) planejados, (3) treinados e (4) fortalecidos.

A recuperação de serviço que não foi bem executado deve ser proativa. Essa recuperação de serviço precisa ser iniciada, de preferência, antes de o cliente ter chance de reclamar. Por isso, funcionários da linha de frente devem ter sensibilidade para antecipar sinais de insatisfação e perguntar ao cliente se há algum problema.

Por exemplo, em um restaurante o garçom pode perguntar a um cliente que comeu apenas metade de seu jantar: "Está tudo bem, senhor?". O cliente pode responder: "Sim, obrigado, não estou com muita fome" ou "O filé está bem-passado, mas eu pedi malpassado, além disso, está muito salgado". Essa última resposta dará ao garçom uma chance de recuperar o serviço, ao invés de permitir que esse cliente saia insatisfeito do restaurante para talvez nunca mais voltar.

Outro ponto importante é que as habilidades para a boa recuperação de um serviço devem ser ensinadas aos funcionários da linha de frente. Quando um consumidor se sentir inseguro após uma falha de serviço, o funcionário deve estar disposto e treinado para ajudar. Um treinamento eficaz oferece à linha de frente a confiança e a competência para transformar angústia em encanto.

Além disso, esses funcionários devem estar fortalecidos para usar seu discernimento e capacidade de comunicação para desenvolver soluções capazes de satisfazer o cliente diante de suas reclamações. Os funcionários devem ter a autoridade de tomar decisões e gastar dinheiro para resolver problemas de serviço imediatamente e recuperar a boa vontade do cliente. Por exemplo, não há tempo para buscar autorizações para resolver problemas de clientes que chegam de madrugada em um hotel.

DETERMINAR NÍVEIS DE COMPENSAÇÃO ADEQUADOS

Os custos associados com possíveis estratégias de recuperação podem ser bem diferentes do planejado inicialmente. A empresa prestadora de serviço deve se questionar sobre qual deve ser o valor da compensação oferecida quando ocorre uma falha de serviço, ou apenas um pedido de desculpas formal é suficiente? As seguintes regras práticas podem ajudar a responder a essas perguntas:

Quadro – Perguntas para determinar níveis de compensação adequados

Qual é o posicionamento da empresa no mercado?	Se for conhecida por sua excelência em serviços e cobrar um preço mais alto pela qualidade, a expectativa dos clientes é de que as falhas de serviço sejam raras; portanto, a empresa deve fazer um esforço bem evidente para recuperar as poucas falhas que ocorram e estar preparada para oferecer algo de valor significativo. Mas, no caso de uma empresa mais modesta, de mercado de massa, provavelmente os clientes esperam algo bem modesto, como um cafezinho ou uma sobremesa grátis, como uma compensação justa.
Qual a gravidade da falha de serviço?	A diretriz geral é: 'A penalidade deve corresponder ao crime'. Clientes esperam menos por pequenas inconveniências e uma compensação bem mais significativa no caso de grandes prejuízos no tocante a tempo, esforço, aborrecimento, ansiedade e assim por diante. A gravidade deve ser sempre avaliada do ponto de vista do cliente.
Quem é o cliente afetado?	Clientes antigos e aqueles que gastam muito com um provedor de serviços esperam mais, e vale a pena fazer um esforço para conservar sua preferência. Clientes ocasionais tendem a ser menos exigentes e têm menor importância econômica para a empresa. Por conseguinte, a compensação pode ser menor, embora, ainda assim, justa. Haverá sempre a possibilidade de um usuário de primeira viagem tornar-se um cliente assíduo, se for tratado com justiça. Essas informações devem estar disponíveis na hora, para que o funcionário possa tomar a decisão adequada.

Fonte: Lovelock, Wirtz e Hemzo (2011, p. 426).

A regra prática geral para compensação é a "generosidade bem dosada". Se a compensação for percebida como avarenta, apenas agravará a situação e provavelmente teria sido melhor que a empresa se desculpasse em vez de oferecer uma compensação mínima para o consumidor. Ele pode se sentir insultado, se o valor de seu inconveniente for avaliado muito abaixo de sua expectativa; porém, o extremo oposto também não é recomendável, pois uma compensação excessivamente generosa não apenas sai caro, mas pode até ser interpretada negativamente pelos clientes. Pode gerar questionamentos sobre a seriedade da empresa e despertar desconfiança neles sobre seus reais motivos. Além disso, existe o risco de que a reputação de generosidade excessiva incentive clientes desonestos a "procurar" falhas de serviço em busca de recompensas.

Compensar clientes faz parte, portanto, do vasto universo da gestão de serviços. Um olhar estratégico para essa gestão é necessário, e foi este olhar que procuramos adotar nessa obra, pensando em uma gestão de serviços que possa gerar vantagem competitiva para os negócios, de preferência em relações de longo prazo e lucrativas em seus mercados de atuação.

O CASO ENVELOCAR

A CRISE DA COVID-19 COMO ALAVANCA PARA INOVAÇÕES EM UMA EMPRESA DE SERVIÇO DE CUSTOMIZAÇÃO AUTOMOTIVA: UM CASO REAL

BRUNO, UM APAIXONADO POR CARROS

Aos 3 anos de idade Bruno já reconhecia da esquina o barulho do carro do seu pai quando este se aproximava de casa, no bairro da Ilha do Governador, no subúrbio do Rio de Janeiro.

Enquanto todos os seus amigos gostavam de correr e de brincar de super-heróis, Bruno passava sua infância mexendo em carros e bicicletas, montando e desmontando suas partes, mexendo em motores e estruturas, e deixando sua mãe, Solange, louca com tanta graxa nas roupas.

Ao fazer 16 anos, ele que havia acabado de ser reprovado na escola, foi direcionado por seus pais a trabalhar, e assim o fez. Seu primeiro emprego foi, obviamente, com carros. Como estudava em um colégio técnico de eletrônica, foi trabalhar com sons automotivos. Nunca chegou atrasado nem um minuto no trabalho. Ele fala que foi quando foi mais feliz na vida. Poder passar o dia mexendo em carros e ainda ganhar por isso. Sua mãe era enfermeira e seu pai engenheiro, ambos funcionários públicos. Bruno sonhava em terminar a escola para poder ter dedicação integral ao trabalho com carros.

Tão logo se formou no Ensino Básico, seus pais queriam que ele fizesse faculdade. Ele até tentou: primeiro fez Engenharia (por 2 períodos), depois fez Arquitetura (por 6 períodos), mas ele se via muito infeliz. Por outro lado, o trabalho com carros nunca foi abandonado: além da instalação de som, Bruno trabalhou com mecânica, filmes de retenção solar, instalação de gás veicular e tudo mais que aparecia na área.

Mas, com 30 anos de idade e com a chegada de seu primeiro filho, ele entendeu que era a hora de buscar uma carreira sólida, em alguma empresa que garantisse salários e benefícios. Foi nesse período que Bruno passou a atuar como terceirizado da Petrobras, empreitada que durou três anos.

Além de apaixonado por carros, ele sempre foi empreendedor. Aproveitava para vender aparelhos eletrônicos, e tudo mais que visse de oportunidade, isso em paralelo com seu trabalho. Assim que se desligou da Petrobras, Bruno se viu obrigado a continuar trabalhando com vendas, tornando seu negócio, que era algo paralelo, sua principal atividade profissional; porém tudo mudaria para Bruno em um dia de domingo.

O domingo em questão foi no ano de 2010, pela manhã. Enquanto ele assistia ao programa televisivo Auto Esporte, viu uma reportagem sobre envelopamento automotivo. Na hora seu coração bateu mais forte e ele percebeu que aquele poderia ser seu futuro. Dali em diante começou a pesquisar tudo sobre o assunto e resolveu envelopar seu carro. Assim o fez: comprou um vinil e começou a envelopar sua Saveiro em preto fosco, sempre no período da noite, quando voltava de seu trabalho com vendas. Nascia ali um novo amor, e com ele uma nova oportunidade! Seu carro fez tanto sucesso que logo foi vendido, e aí veio outro, e depois começaram a aparecer clientes interessados nesse serviço.

O mercado estava super aquecido e inflamado pelo lançamento de filmes como Velozes e Furiosos. Rapidamente Bruno fez da nova habilidade sua profissão, transformando a garagem de casa em seu Studio, onde passou a atender diversos clientes.

Certo dia, em 2012, seu telefone tocou: era da produção do programa da Ana Maria Braga, apresentadora da TV Globo. Ele foi convidado para falar ao vivo na televisão enquanto uma referência no envelopamento de veículos, e também a realizar demonstrações no palco com a apresentadora. A audiência do programa fez disparar a demanda. Nesse momento, o modelo do negócio era o seguinte: Bruno continuava atendendo de sua garagem, na Ilha do Governador, porém, possuía pontos de atendimento em diferentes locais no Rio de Janeiro. Estes pontos funcionavam no modelo de parceria. Normalmente eram lojas de serviços automotivos, tais como lojas de instalação de acessórios, venda de veículos semi novos e martelinho de ouro. Essas lojas realizavam a venda do serviço de envelopamento como serviço agregado, e ganhavam uma parte do valor.

Era um modelo bem interessante e lucrativo, pois não existiam custos fixos, e a parte comercial ficava a cargo de cada loja parceira; além disso, ele poderia atender em diversos pontos da cidade. Entretanto, como não existe modelo de atuação perfeito, alguns pontos passaram a pesar. O deslocamento de quase 100 km por dia, a necessidade de transportar bobinas de vinis (que medem cerca de 1,5 m e pesam 5 kg cada uma), a necessidade de repassar parte do serviço para as lojas tendo que, ou ter redução no lucro, ou praticar um preço muito acima do mercado, foram fatores que pesaram na decisão de montar sua primeira loja.

Assim, em outubro de 2012, a Envelocar se estabeleceu na Tijuca, Zona Norte do Rio de Janeiro. A loja de 200m² sediou a empresa por 5 anos e abrigou os mais variados tipos se veículos. A atuação da empresa ia desde veículos populares até carros de alto padrão. Quanto aos suprimentos, de vinis nacionais aos importados, todas as linhas eram utilizadas. Assim, conseguia-se abarcar um público misto, variado e abrangente.

Em dezembro de 2016 sua loja foi arrombada e assaltada, o que levou o empresário a repensar o local da loja. Foi assim que a empresa se instalou na Barra da Tijuca, zona nobre do Rio de

Janeiro. Essa mudança afetou bruscamente todo o desenho do negócio, e Bruno passou a se questionar muito sobre o futuro: o valor do seu aluguel dobrou, e agora? Seus clientes antigos iriam lhe acompanhar com a mudança para o novo bairro? Ele conseguiria captar novos clientes no novo local? As dúvidas, assim como as esperanças, eram grandes.

No início de 2018, pensando nessa nova formulação do negócio, Bruno passou 1 mês na Europa a fim de visitar fábricas, realizar treinamentos e certificações, trabalhar no mercado Europeu e trazer o máximo de experiência e novas técnicas para seu negócio. Os desafios estavam lançados.

SERVIÇOS DE ENVELOPAMENTO AUTOMOTIVO

Boa parte dos brasileiros, como sabemos, são apaixonados por automóveis. O mercado nacional facilmente os identificou como grandes fontes de oportunidades comerciais, extrapolando o seu significado enquanto objeto e atribuindo ao mesmo a capacidade de ser o ponto central de uma experiência, de um estilo de vida. Nesse contexto, o mercado de personalização automotiva veio para atender à demanda e ao anseio por exclusividade e originalidade dos proprietários de veículos, que desejam tornar suas máquinas únicas e diferenciadas, capazes de expressar sua personalidade, gostos e visão de mundo.

O envelopamento automotivo ou *wrapping* consiste em um processo reversível de coloração de áreas do veículo por meio da ancoragem de películas vinílicas próprias para automóveis. Tais películas possuem a finalidade de trocar a cor de forma não definitiva, e também de proteger a superfície dos veículos contra intempéries climáticas e pequenas avarias, já que algumas possuem resistência mecânica. A Envelocar é pioneira no mercado nacional e atendia no modelo B2C (diretamente para o consumidor pessoa física), em sua sede na Barra da Tijuca, Rio de Janeiro, e B2B (diretamente para outras empresas), nas principais concessionárias e montadoras do Estado.

O envelopamento automotivo é enquadrado como um serviço que possui como resultado uma atividade, e não um produto específico, por isso é classificado como sendo intangível. Essa intangibilidade pode ser explorada como característica primordial do serviço prestado, principalmente quando o consumidor se vê inserido como um agente produtor do serviço.

A possibilidade de escolha, de participação do consumidor, agrega valor ao serviço prestado, pois o torna único, mas também aumenta o nível de exigência e expectativas sobre o resultado. Assim, todas as fases do serviço tornam-se cruciais para a avaliação final. A Envelocar sempre soube dessa característica e, por isso, sempre buscou manter desde sua estrutura física até seu relacionamento de Pós venda bem alinhados com a ideia de um pacote de serviços diferenciado em relação ao que era praticado no mercado; entretanto, por ter um público bastante abrangente, essa variação na percepção de custo-benefício para o consumidor sempre foi um desafio para o negócio.

Em contrapartida, um ponto forte do serviço de envelopamento é sua heterogeneidade. Enquadrada na gama dos serviços de customização, o envelopamento traz a possibilidade de personalização do seu carro: mudança total de cor, faixas esportivas, detalhes, frisos, inúmeras são as possibilidades de customização. Tornar seu carro único, exclusivo, além de possibilitar expressar sua personalidade, é fator de segurança, numa cidade como o Rio de Janeiro. As seguradoras são categóricas ao afirmar que detalhes únicos fazem com que os ladrões evitem roubos, furtos e sequestros.

No mês de março de 2020, com a confirmação do alastramento da Pandemia de COVID-19, o Poder Público optou pelo fechamento do comércio, sem previsão de retorno. A Envelocar se viu obrigada a paralisar suas atividades B2B e B2C, já que atendia empresas que também se viram impelidas de realizar suas atividades. Contribuindo com essa interrupção, o mercado automotivo de compra e venda de veículos, propulsor das atividades da empresa, ficou paralisado, não só por conta das questões econômicas, mas por impedimentos do DETRAN (que também teve suas atividades suspensas), órgão responsável pela liberação de transações de comercialização de veículos.

Os agendamentos de serviços foram suspensos e os responsáveis da Empresa se viram em uma situação de colapso e desenvolveram algumas alternativas a fim de lidar com a crise estabelecida.

OPERAÇÕES DE SERVIÇO E GESTÃO DE CRISE

Diante do caos instaurado, algumas alterações nas operações dos serviços foram implementadas, com o objetivo de manutenção das atividades e sobrevivência no momento crítico. Na quadro abaixo estão relacionadas situações problema, bem como as alternativas encontradas pela empresa para lidar com tais desafios:

Tabela – Problemas x alternativas encontradas

SITUAÇÃO PROBLEMA	ALTERNATIVA EXPERIMENTADA
Problema I. Gestão dos custos fixos que não puderam ser negociados (aluguel, condomínio, IPTU)	Arrendamento Temporário do Fundo de Comércio para parceria com empresa especializada em martelinho de ouro.
Problema II. Redução da procura por serviços de envelopamento automotivo. (produto único da empresa)	Terceirização de serviços de insulfilm residencial e automotivo por meio de parceria com empresa especializada.
Problema III. Atuação sem nicho de clientes, com necessidade de diversificação de fornecedores para atender a cada público.	Segmentação com foco exclusivo no atendimento *premium*
Problema IV. Funcionários, que atuavam no modelo de contratação PJ, optaram por não trabalhar durante a fase mais aguda da contaminação.	Com a segmentação, a quantidade de serviços diminuiu e a necessidade de mão de obra foi reduzida.

Fonte: Envelocar (2022). Nota: A atividade de Martelinho de Ouro, em que é possível que áreas de veículos sejam desamassadas sem funilaria, esta enquadrada como oficina mecânica e foi incluída no rol de atividades essenciais, ficando passível de abertura durante a pandemia.

RELAÇÃO ENTRE AS SITUAÇÕES PROBLEMA E AS OPERAÇÕES ESCOLHIDAS

Por ser pioneira e detentora de uma tecnologia única no Rio de Janeiro, adquirida por meio de treinamentos no exterior, a Envelocar adotava estratégias de competição do tipo diferenciação por escopo, tendo em vista que atuava de forma focada no nicho do mercado *premium* e com um serviço customizado. Entretanto, a empresa sofreu com os riscos da adoção desse modelo de estratégia já que atuava somente com um serviço. Ainda que de forma não intencional, as alternativas adotadas pela Envelocar tiveram o objetivo de mitigar os problemas causados não só pela crise, mas principalmente pela fragilidade da estratégia de competição e posicionamento prévia adotada pela empresa.

GESTÃO DA DEMANDA

A demanda despencou! A empresa vivenciava o fenômeno do excesso de capacidade, em que seus recursos produtivos estavam sendo subutilizados, uma vez que a procura pelos serviços foi reduzida bruscamente. Isso em um contexto em que o gerenciamento da capacidade de uma empresa prestadora de serviço está relacionado a seus custos. Algumas soluções foram pensadas para minimizar os prejuízos, algumas delas se enquadravam nas Técnicas de Gestão de Demanda apresentadas nesse livro.

DESENVOLVIMENTO DE SERVIÇOS COMPLEMENTARES

A empresa estava proibida de realizar suas atividades essenciais, pois havia um comando municipal para o fechamento do comércio. Estavam permitidas somente algumas atividades, dentre as quais reparos automotivos. Ao fazer um arrendamento na modalidade "fundo de comércio", a Envelocar conseguiu oportunizar a abertura da loja, parceiros que dividissem os custos fixos, e incremento de mais produtos e serviços. Tal fato não só serviu para permitir o funcionamento, como também lidar com mais três questões: o incremento de serviços, a divisão da despesa e atrair um novo público para a loja diante do contexto desafiador.

Com o intuito de adquirir uma competência que empresa não possuía num curto espaço de tempo, sem envolver custos e visando agregar um serviço correlato ao já oferecido para seus clientes, a Envelocar se associou com uma empresa que dominava o ramo de *insulfilm*, sendo referência na prestação do serviço e com mais de 15 anos de experiência. A grande vantagem dessa opção foi a rápida atuação, a redução dos custos e riscos envolvidos, e a possibilidade de oferecer os serviços já desenvolvidos pela Envelocar aos clientes da empresa terceirizada.

SEGMENTAÇÃO

A segmentação para o mercado *premium* foi a estratégia que mais teve impacto para a empresa. Apesar de já atuar com o segmento *premium*, o foco não era exclusivo para esse mercado, uma vez que existiam negociações tanto com os segmentos C e B quanto com o B2B. A desvantagem desse modelo é que, além da atuação não ser focada, o modelo demanda muitos funcionários e muita diversidade de fornecedores (dos mais caros aos mais baratos). Além disso, pode faltar atratividade para o público exclusivamente *premium*.

Quando a empresa optou por essa estratégia de segmentação ela buscou se aproximar do público que entendeu não ter sido tão afetado pela pandemia, ao menos em termos financeiros. Da mesma forma, com a segmentação, outros dois pontos de fragilidade seriam: a ruptura da cadeia de suprimentos e a redução de mão de obra.

Com a redução do número de serviços, pela segmentação adotada, a redução de mão de obra seria solvida. O posicionamento para o nicho *premium* fez com que fossem realizados somente serviços de alto valor agregado, com uma redução para cerca de 8 serviços mensais, em comparação com 40 serviços, em época pré pandemia.

Essa diferenciação alavancou os negócios, e tornou-se um diferencial nacional, pois somente a Envelocar trabalhava com esse tipo de tecnologia. A empresa, que já era referência, passou a ser Top of Mind em seu segmento. Assim, foi iniciada, em conjunto, uma estratégia de marketing para firmar esse posicionamento.

CADEIA DE FORNECEDORES

Sobre a ruptura da cadeia de suprimentos, como se atuava em vários nichos, eram necessários vários fornecedores distintos, cada um com um segmento de material (nacional, importado de entrada, importado *premium*).

Os vinis nacionais (matéria prima do envelopamento) sofreram severa restrição na produção e tiveram seu fornecimento interrompido. Assim, ficou impossível atender o público C e D, que consumiam os serviços realizados com esses materiais.

Por outro lado, apesar das dificuldades de distribuição dos vinis importados, o número de opções de fornecedores aumentava exponencialmente. As fábricas internacionais possuíam instalações de indústria 4.0, o que aumentava a interação e a capacidade de personalização dos serviços. Os clientes passaram a poder escolher o tom exato de seus produtos, que eram fabricados especialmente para seus veículos.

PESSOAS NAS OPERACÕES DE SERVIÇO

Com o posicionamento *premium*, outro ponto de atuação foi com o atendimento *front office*. Anteriormente realizado de forma não especializada, passou a ser feito pelos donos da loja, que atendiam pessoalmente os clientes e *prospects*, e também via telefone e redes sociais. Assim, conseguiram estreitar laços com o público-alvo, explicar de forma mais técnica os serviços realizados e, também, prestar uma consultoria de pré e pós-instalação. O número reduzido de clientes permitiu essa mudança. Foi realmente um *trade off* entre quantidade e qualidade.

O marketing segmentado auxiliou a empresa a alcançar visibilidade. *Lives* e vídeos dos carros mudando de cor, e da instalação dos produtos, chegaram a alcançar a marca de 4 milhões de visualizações. Os clientes vinham atraídos por um serviço *premium*, de desejo, e precisavam encontrar uma equipe preparada para esse novo público, que ansiava por uma experiência a altura do que estava disposto a pagar. Desse modo, a Envelocar não somente saiu de uma situação crítica, como passou a ter maior clareza de seu próprio propósito enquanto negócio.

PERGUNTAS PARA AUTORREFLEXÃO

Com base no caso da Envelocar, reflita sobre as seguintes questões, que também nortearam parte de nosso livro sobre Gestão Estratégica de Serviços:

a) De que forma um contexto desafiador como o da pandemia do COVID-19 passou de grande ameaça para catalisador do sucesso da Envelocar?

b) Em sua visão, que relação podemos fazer entre a mudança de segmentação da Envelocar, seu custo com pessoal, e a qualidade de seu atendimento?

c) Você acredita que a estratégia da Envelocar permitirá uma vantagem competitiva de longo prazo para esse negócio? Em complemento: a empresa conseguiu fidelizar seus clientes?

COMENTÁRIOS FINAIS

Esta obra não teve a pretensão de esgotar todos os conceitos de gestão de serviços, área que está presente de forma muito abrangente no campo da Administração. Nosso livro procura servir como um espelho de nossa trajetória enquanto profissionais e professores de gestão que, em suas funções, discutem sobre serviços quase que diariamente, tanto em sala de aula quanto nas empresas com as quais atuamos em projetos de consultoria.

É necessário ao leitor e a leitora, portanto, o mergulho na rica literatura existente sobre gestão de serviços. Este proceder ampliará ainda mais sua visão sobre gestão, sobre um olhar estratégico para os negócios, e também sobre os serviços em si. Em nosso livro optamos pela adoção de uma visão clássica de gestão de serviços, pautada por suas etapas tradicionais e por ferramentas que há muito estão globalmente consagradas.

Esperamos, desse modo, ter contribuído com seu caminho de estudos, e desejamos mais uma vez muito sucesso em sua jornada.

REFERÊNCIAS

CHIAVENATO, Idalberto. Administração nos Novos Tempos Gestão de pessoas: O novo papel dos recursos humanos nas organizações. Rio de Janeiro: Elsevier, 2004.

CORREA, Henrique L.; CAON, Mauro. Gestão de serviços: lucratividade por meio de operações e de satisfação dos clientes. Editora Atlas, 2012.

FITZSIMMONS, James A.; FITZSIMMONS, Mona J. Administração de Serviços: Operações, Estratégia e Tecnologia da Informação. Amgh Editora, 2014.

GIANESI, Irineu Gustavo Nogueira; CORRÊA, Henrique Luiz. Administração estratégica de serviços: operações para a satisfação do cliente. São Paulo: Atlas, 1996.

KOTLER, P.; KELLER, K. L.; YAMAMOTO, S. M. Administração de marketing. São Paulo: Pearson Education do Brasil, 2012.

LOVELOCK, Christopher; WIRTZ, Jochen; HEMZO, Miguel Angelo. Marketing de serviços: pessoas, tecnologia e estratégia. São Paulo, Pearson, 2012.

RECLAME AQUI. Conheça o ranking das empresas com melhor índice de solução dos problemas ou as que possuem o maior índice de reclamação. Disponível em: <https://www.reclameaqui.com.br/ranking/> Acessado em: 31 de janeiro de 2023, 2023.

SCHNEIDER, Benjamin; BOWEN, David E. Winning the service game. In: Handbook of service science. Springer, Boston, MA, 2010.